「朝の読書」が学校を変える

岡山・落合中学校「朝の読書」推進班＝編

高文研

▼岡山県落合町立落合中学校全景

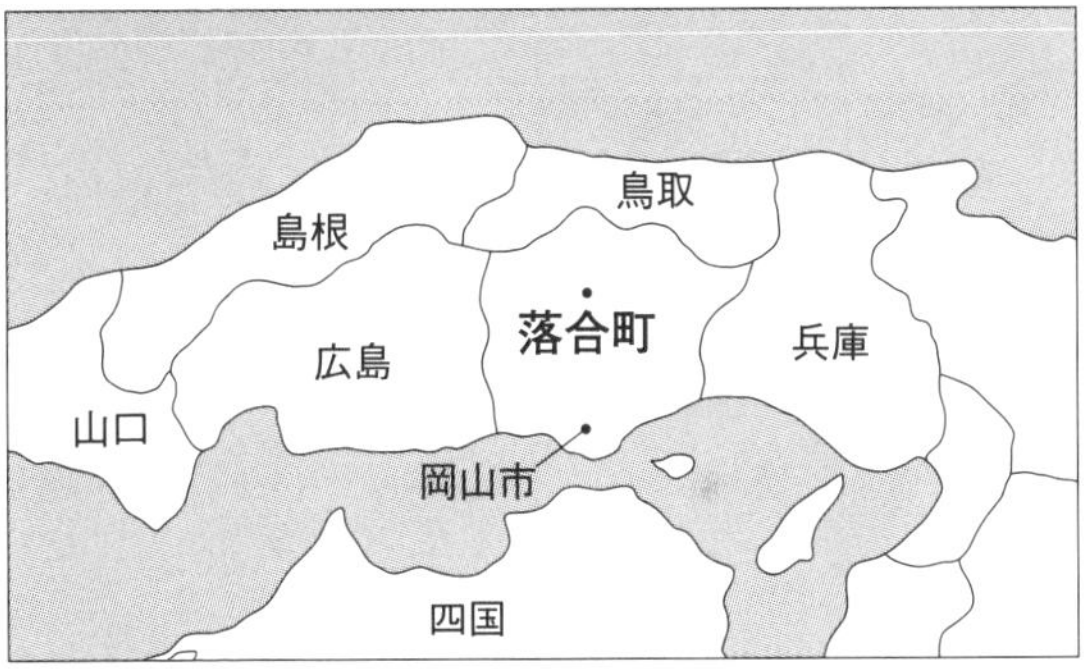

「朝の読書」の光景

落合中学校の「朝の読書」は八時二五分から一〇分間。朝の職員打ち合わせを終えた担任の先生も教室に入り、生徒といっしょに本を読む。この間、校内はシンと静まり返る。

合中学校の図書室は教室１つ半ほどの広
。特に昼休みの時間は生徒たちでいっぱ
になる。写真手前のコーナーは「友だち、
強、いじめについて考えてみよう！生き
ことについて考えてみよう！」

◀新刊書コーナー。新しく購入された本が並んでいる。

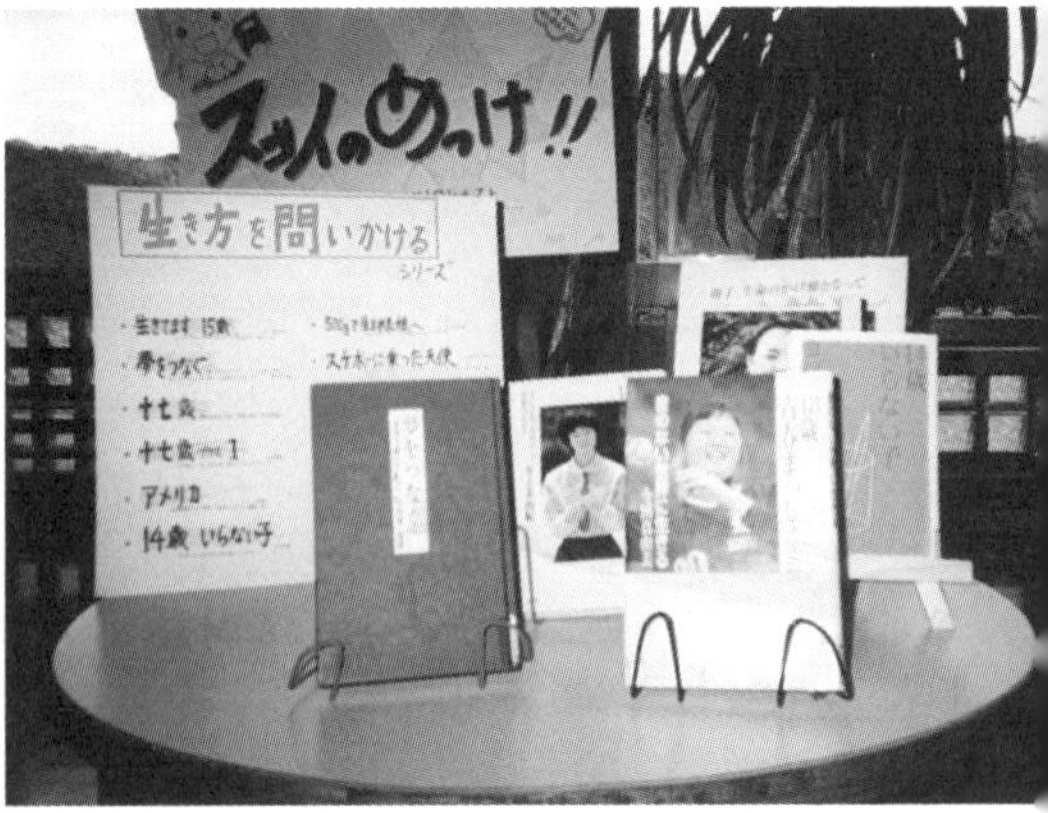

▲「生き方を問いかける」のコーナー。テーブルの上に並んでいるのは『18歳青春まっしぐら』『夢をつなぐ』『14歳いらない子』など。

工夫がいっぱいの図書室

▲沖縄修学旅行のためのコーナー。「一足早く行ってみよう！勉強して」と呼びかけている。

▲新刊コーナーで本を探す。この奥には「マンガコーナー」がある。

◀本の貸し出し風景。奥の方にはパソコンを自由に操作できるコーナーもある。

「図書館通信」で全校に読書情報

図書館通信 最終号

発行人 図書委員1年女子
発行日 1999.3.26

1番多く貸りたクラスは、1373冊の1ねん6くみだよ。

クラス別貸し出し冊数グラフ

※このグラフは、今年1年間の貸し出し冊数です。

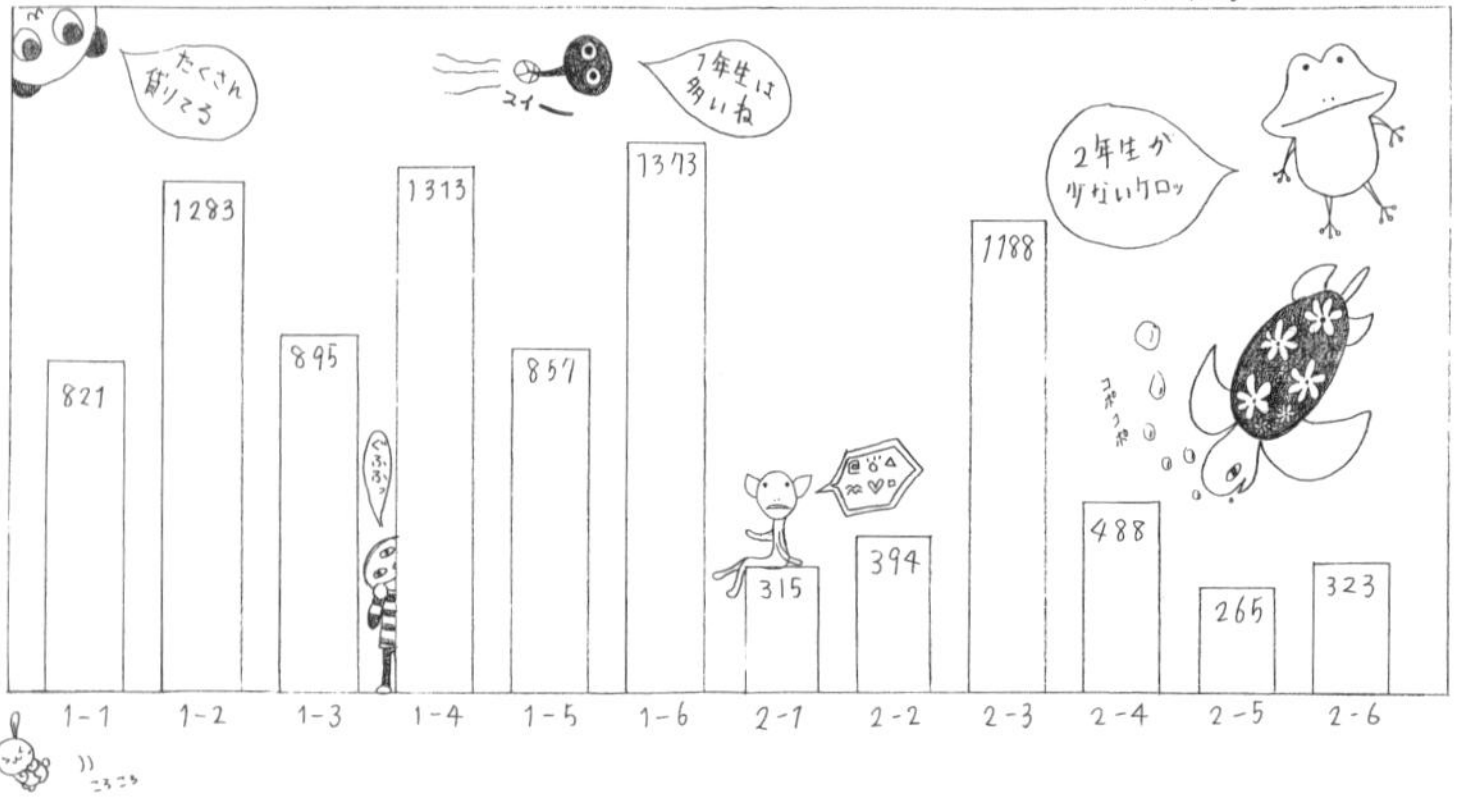

個人別で100冊こえた人

1ねんせい

- ★竹原美緒さん 114さつ
- ★三村晴美さん 133さつ
- ★矢谷光太郎くん 284さつ
- ★山口晃史くん 109さつ
- ★森岡広江さん 120さつ
- ★葉廣美加さん 209さつ
- ★山田紀子さん 122さつ
- ★大目綾子さん 111さつ
- ★奥村和恵さん 146さつ
- ★押目直美さん 285さつ
- ★古林尚子さん 146さつ
- ★山田奈津記さん 114さつ
- ★岡本順子さん 171さつ
- ★中島麻都佳さん 183さつ
- ★池田昌樹くん 105さつ
- ★片岡希美さん 150さつ
- ★細川雅代さん 166さつ
- ★正木亜衣さん 146さつ
- ★森本有香さん 126さつ
- ★湯浅亜希子さん 108さつ

2ねんせい

- ★菱川裕希さん 144さつ(95)
- ★三輪祐子さん 126さつ(73)
- ★室川優子さん 220さつ(148)
- ★瀧本明日香さん 611さつ(289)
- ★岡本光生くん 151さつ(64)
- ★小倉直樹くん 108さつ(71)
- ★近藤広理くん 138さつ(67)
- ★井原実香さん 521さつ(259)
- ★岡田真季さん 303さつ(303)
- ★近藤早織さん 288さつ(3)
- ★山本友己さん 284さつ(182)
- ★石原達也くん 110さつ(?)
- ★岡本菜穂子さん 323さつ(216)
- ★山あゆみさん 211さつ(78)
- ★福島真人くん 152さつ(151)
- ★高橋ひとみさん 496さつ(247)

みんないっぱい読んでるぴょ♥

※(かっこ)内の数字は2年生が今年になって貸りた冊数です。

今年度の利用状況

- 貸し出し冊数……10,463冊
- 貸し出し日数……144日
- 1日の貸し出し冊数(平均)……75.7冊
- 1人あたりの貸し出し冊数……17冊

本を読もう

▲1998年度は年間の貸し出し数が一万冊を越えた。個人で百冊を越えた人が36人も！

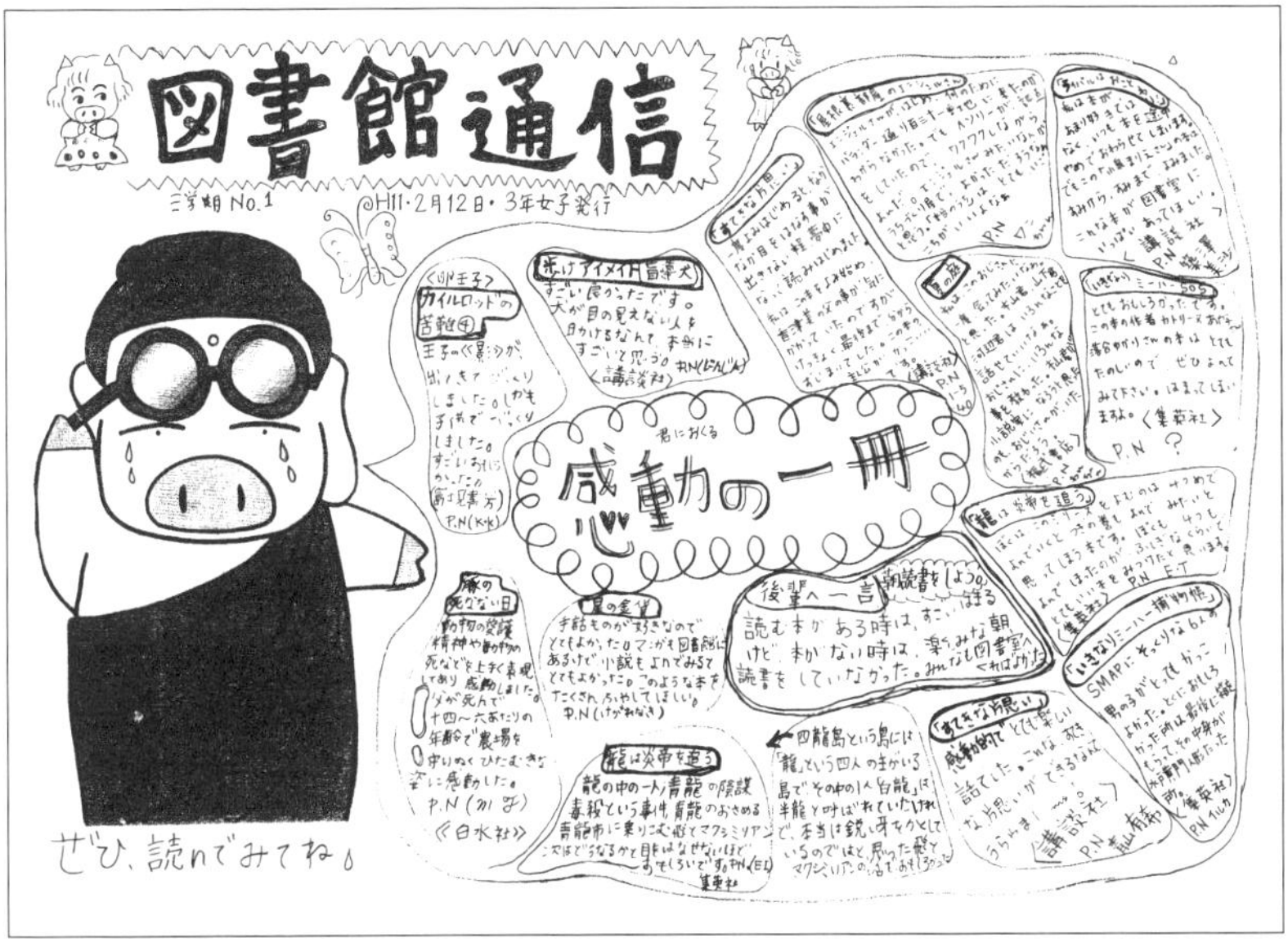

▲図書委員たち手作りの「図書館通信」。この号は3年女子担当で「君におくる感動の一冊」。13冊の本が紹介されている。

▲図書委員会主催シオリコンクールの呼びかけ。今年で11回目を迎える。毎年素晴らしい作品が出品され、優れた作品は図書室前の掲示板に展示される。

図書委員手作りの『心に残るBOOKS』

図書委員たちの大きな役割の一つは、できるだけみんなに「読んで楽しい本」「お勧めの本」の情報を届けること。図書委員会では年に一回、冊子「心に残るBOOKS」を発行。上段は名場面イラストコーナー、下段は紹介文コーナー。これらが「朝の読書」で全校生たちの本選びに大きな役割をはたしている。

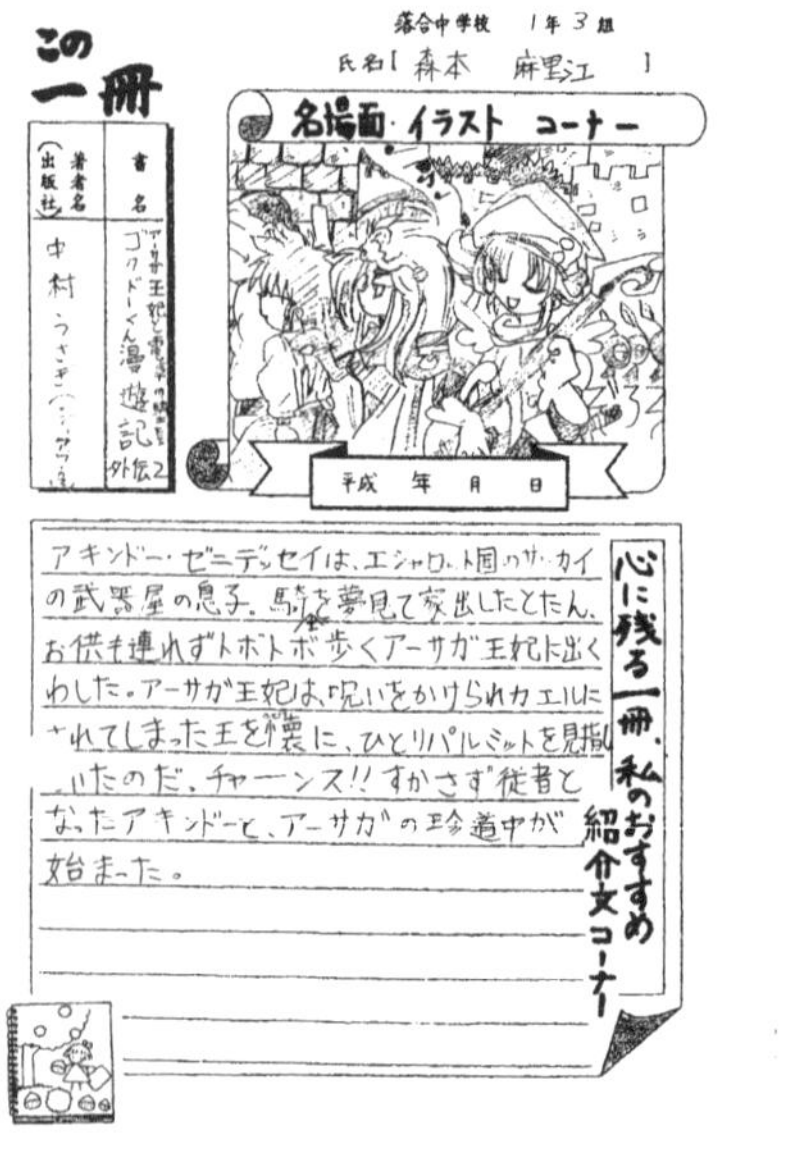

落合中学校　1年3組
氏名［森本　麻里江］
この一冊
書名　アーサ王妃と電撃の従者　ゴクドーくん漫遊記　外伝2
著者名（出版社）　中村うさぎ
名場面・イラストコーナー
平成　年　月　日
心に残る一冊、私のおすすめ紹介文コーナー

アキンドー・ゼニデッセイは、エシャロット国のサ・カイの武器屋の息子。騎士を夢見て家出したとたん、お供も連れずトボトボ歩くアーサガ王妃に出くわした。アーサガ王妃は、呪いをかけられカエルにされてしまった王を懐に、ひとりパルミットを見物していたのだ。チャーーンス!! すかさず従者となったアキンドーと、アーサガの珍道中が始まった。

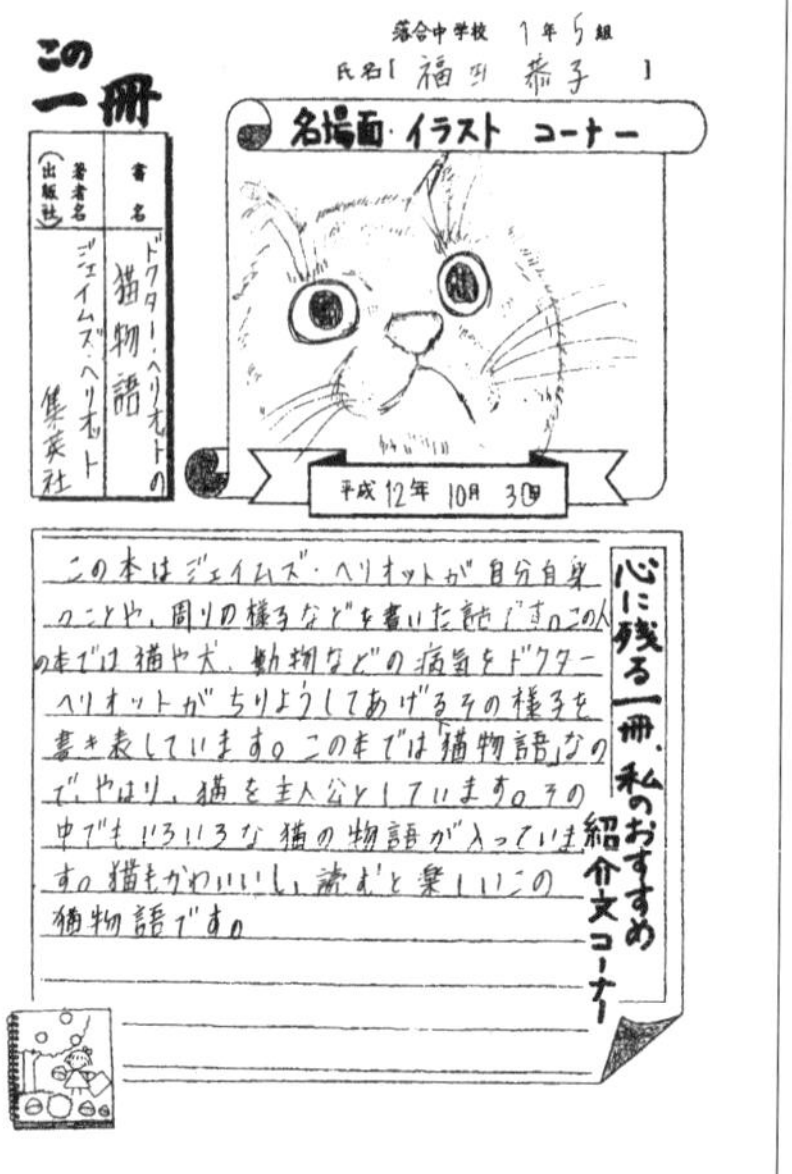

落合中学校　1年5組
氏名［福田　恭子］
この一冊
書名　ドクター・ヘリオットの猫物語
著者名（出版社）　ジェイムズ・ヘリオット　集英社
名場面・イラストコーナー
平成12年10月3日
心に残る一冊、私のおすすめ紹介文コーナー

この本はジェイムズ・ヘリオットが自分自身のことや、周りの様子などを書いた話です。この人の本では猫や犬、動物などの病気をドクターヘリオットがちりようしてあげるその様子を書き表しています。この本では「猫物語」なので、やはり、猫を主人公としています。その中でもいろいろな猫の物語が入っています。猫もかわいいし、読むと楽しいこの猫物語です。

落合中学校 3 年 4 組
氏名［中島 佳苗 ］

この一冊

書名	著者名（出版社）
テイルズ・オブ・ファンタジア	矢島さら

名場面・イラスト コーナー

平成12年10月31日

心に残る一冊、私のおすすめ紹介文コーナー

主人公のクレスと法術師のミント、エルフと人間のハーフエルフの女アーチェ、そして召喚術を使うクラースの四人で世界を滅ぼうさせようとしているダオスを倒すために冒険を続ける物語

落合中学校 1年 4組
氏名［新山洸一 ］

この一冊

書名	著者名（出版社）
GRNDIA	細江ひろみ

名場面・イラスト コーナー

平成12年10月31日

心に残る一冊、私のおすすめ紹介文コーナー

メッシナ大陸の東の端、港町パームに暮らす少年ジャスティン。父が冒険者でおり冒険に行って死んでしまった。父が死ぬ前にもらった精霊石が形見で大事にしている。そして、その父をつごうと冒険者にあこがれていた。ある日ふつう子供が入ってはいけない所に行ってもいいとゆうゆるしがでる。そこで、おつかいをたのまれた。だが行きさきに入るなと言われて、そのままかえらず、そこにかくれて入って行った。そしてここから大冒険につながっていく。大人気RPGノベライズ。

落合中学校 2年 5組
氏名［前田奈穂 ］

この一冊

書名	著者名（出版社）
悪夢の棲む家 ゴースト・ハント 上・下	小野不由美（講談社X文庫ホワイトハート）

名場面・イラスト コーナー

平成12年11月1日

心に残る一冊、私のおすすめ紹介文コーナー

この本はマンガ「ゴーストハント」の原作の本です。

「『出ていって、悪いことが起こらないうちに』

これが、念願のマイホームを手に入れて、はしゃいでいた母のつぶやきとは思えない—

このときから、翠の身辺で怪現象が始まる。

なんのためにか、鏡を嵌《は》めこみ、塞《ふさ》いだ窓からは、いつも誰かがのぞいている。家の中には奇妙な住人の気配。立ちこめる異臭…。

調査にのりだした渋谷サイキック・リサーチ《心霊現象調査事務所》だが、そこで麻衣《まい》が鏡の向こうに見たモノの正体とは!?」

落合中学校 2 年 3 組
氏名［渡辺敏恵 ］

この一冊

書名	著者名（出版社）
一〇一匹ワンちゃん	ディズニー

名場面・イラスト コーナー

平成 年 月 日

心に残る一冊、私のおすすめ紹介文コーナー

この本はとてもおもしろいです。

時々ハラハラドキドキするところもあるけどさいごはハッピーエンドなのでとにかくいいです。

みなさんもどくしょのじかんにドキドキハラハラして下さい。

注：あんまりこうふんしてさけばないようにして下さい。

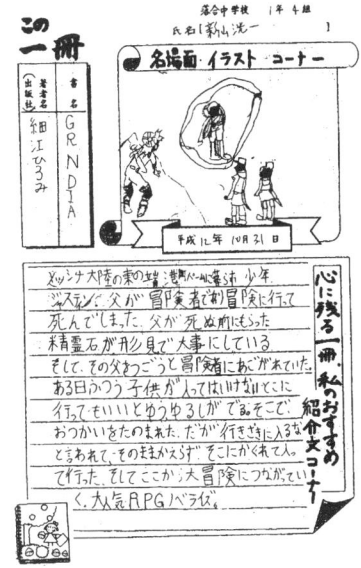

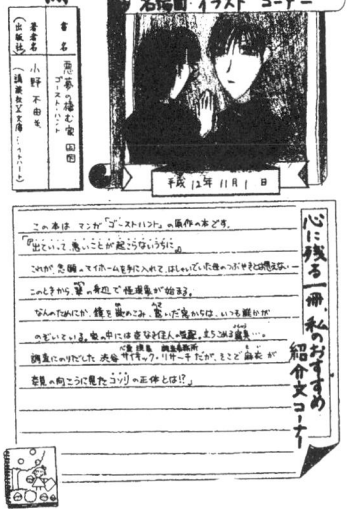

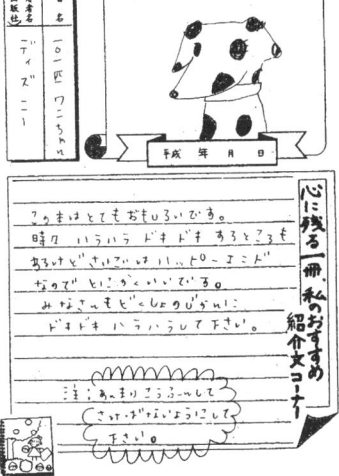

◀「図書館だより」とは別に発行している「朝読書通信」。左ページの一問一答は、「なぜ全校一斉なの？」「読書は大切だと思っているけど…何もしないでぼーっとしている人へ」「本なんて読まなくてもテストの点が良かったらいいと思っている人へ」「読みたい本がないと言う人へ」

♣中学に入るまで、ほんとうに読書をしたことはありませんでした・・・

ぼくは中学校に入るまで、ほんとうに読書をしたことはありませんでした。中学に入っての朝読書はめんどうだ、と思っていたが、読んでるうちに作者がどんな気持ちで書いていたとか、おもしろいことも書いていて楽しくなってきた。　だから中学に入ってからよく読み始めた。　だから朝読書をしたらいいと思います。

♣今まで読書が、大キライで、本は全然読まなかったけど・・・

私は、今まで読書が、大キライで、本は全然読まなかったけど、毎日朝読書をしているうちに、少しずつ本を読むようになって、時々図書室で本を借りたりまでするようになって、今もそんなに好きではないけど、でも前よりけっこう好きになった。
中学になってから、いろんな本を読むことができてよかったと思った。今まで、キライだったから「おもしろくない」と思っていたけど、朝読書で読んでいたらすごくおもしろかったので、いろんな種類を読んだり、おもしろそうなのを自分から借りようと思うようになった。本を読むことでいろんなこともわかったりした。
私は、中学に朝読書があってよかったと思った。

♣朝読書だけで、こんなに本が好きになるとは・・・

私は、本を読むのがきらいでした。　でも、中学校に入って【朝読書】という時間があって、はじめの方は、めんどくさがりながらいやいや読んでいたけど、本を読んでいると、本の続きが知りたくなって、いつのまにか夢中になって本を読むようになりました
朝読書だけで、こんなに本が好きになるとは思っていませんでした。朝読書があってよかったです。

♣朝読書のいいところは、自分で読む本を決められること

ぼくは中学校に入ってはじめて「朝読書」というものをやった。やっててプラスになったのは、本を読む時間がふえたこと、「本を読む」という習慣ができたこと。マイナスになったことは、特にない。　始めたばっかりのときは、なんでこんなことをやらないといけないのだろう、と思っていた。　でも、やらなきゃいけないし、と思ったらまだましになってきた。　この朝読書のいいところは、自分でどの本を読むか決められること。

朝の読書タイムを大切にしよう！

朝読書通信
図書委員会
1999・1・1

新しい年を迎え、今年こそは目標に向かってがんばるぞ～　と胸をふくらませている人も多いのではないでしょうか。　勉強や部活をまじめに取り組もう、いろいろな検定試験に挑戦しよう、あの教科の点を何点あげたい、日記を毎日書こう、100 冊の本に挑戦しよう・・・etc.

もちろん３年生にとっては高校受験突破は最大の課題でしょう。それぞれの目標に向かってがんばる姿は、とても美しく大切なものです。　たった十分間されど十分間です。大切に使いましょう。

0はいくら足しても
0にしかならない
1は365回足せば
365になる
うっかりすると
365回足しても
1回0を掛けると
0になってしまう
一歩踏みだせば
前とは違う自分になり
見える景色も変わる
人にいくら言っても
変わらなければ
自分が変わればいい

なぜ全校一斉なの？

すべての人が静かに読書ができるようにするためです。読書をしたくても周りが騒がしいと集中できなくなるからです。

本なんて読まなくてもテストの点が良かったらいいんだと思っている人へ

本を読むことができなければ、教科書を充分理解することはできません。
本を読むことによって広い知識や知恵を身につけ、心豊かな人になりましょう。

読書は大切だと思っているけど・・・何もしないでぼーとしている人へ

今からでも遅くありません。
まずは、自分から実行（読書）することです。

読みたい本がないと言う人へ

自分の興味のある本を捜しましたか？学校図書館に捜しに来てください、もしなければ公共図書館や書店へ行ってみましょう、きっとあるはずです。

また、先生や家の人に紹介してもらいましょう。

今年から、近隣の公立図書館（久世エスパス、久米町立図書館、旭町立図書館）は町外の私たちでも利用できるようになりました。大いに利用しましょう。

新刊情報 落中図書館6月号 2001. 6. 22

書　名	出版者又は著者	説　明
あなたはひとりじゃない	光文社　・　大平光代	「だから、あなたも生きぬいて」から2作目
壁のなかの時計　ルイスと魔法使い協会	アーティストハウス・ジョン・ベレアーズ	
ドラゴンの眼（上・下）	アーティストハウス・スティーブンキング	冒険ファンタジー
新　魔女図鑑	ブロンズ新社・角野栄子	本当の魔女がわかる
ロストボーイ	青山出版者・ディヴ・ペルザ	"It"と呼ばれた子　少年期
ディヴ	〃　・　〃	さよなら"It"と呼ばれた子
許す勇気、生きる力	〃　・　〃	ディブ・ペルザーの最新作
あの橋を超えたら	文芸者　・　辛島裕樹	障害をもって懸命に生きる
マイ・ネイム・イズ	ポプラ社　・　長崎夏海	（青春と文学3）
君たちはどう生きるか	ポプラ社　・　吉野源三郎	（ジュニア版吉野源三郎全集1）
葬式ごっこ	旺文社　・　亜蘭知子	鹿川君が体験したいじめを改めて考える
肥後の石工　（岩波少年文庫）	岩波書店　・今西祐行	
光に向かって 100 の花束	1万年堂　・　高森顕徹	読んでほしい言葉がいっぱい
お江戸決まり文句	河合楽器製作所・杉山亮文	「これにて一件落着」などなど
最後のSAMURAI　３２６氏	ポプラ社　・326（ミツル）	326の最新作
こんな英語ありですか？	平凡社新書　・	謎解き、英語の法則
失礼な英語と感じのいい英語	ノヴァ　・ディヴィット・ワグナー	
アロマテラピー	新星出版者・監修児玉良治	あなたの好きな香りを作ってみよう
猫宿舎	光文社　・　長野まゆみ	
少年は鳥になった　希望図書より	草思者　・　長島介紀	ドラマ化され感動を呼ぶ父親の手記
昭和天皇　〃	扶桑社　・　出雲井晶	「無私」と「慈愛」の人感動の生涯
父が読めなかった手紙　〃	〃　・　小渕暁子	全国から届いた見舞いの手紙324通
石原家の人々　〃	新潮社　・　石原良純	
2002 年受験用　全国高校入試問題正解	旺文社	
山陽年鑑2001年版	山陽新聞社	
BLACK JACK　全 16 巻	秋田書店　・手塚治虫	新しく入れました
君の手がささやいている・最終章①	講談社　・軽部潤子	
世界の料理　いただきまーす　全5巻	アリス館　・　尾崎曜子	

料理を食べて世界を知ろう!　家庭科の時間が楽しくなる。

世界の料理 いただきまーす。

①「ロシア」「モンゴル」
②「中国」「韓国」
③「タイ」「インド」
④「スペイン」「イタリア」
⑤「ドイツ」「フランス」

日本に住んでいる外国の人に、お国じまんの料理の作り方を教えてもらいました。国の紹介や、ことばのコラムもあります。料理を作りながら世界の国についての理解を深めることに役立つ、一石二鳥のシリーズです。

尾崎曜子／編＋絵

「最後のSAMURAi 326氏」

326 著
（角川書店、本体1100円）

人生のこと、友人関係のこと、恋愛のこと、だれにだって悩みがある。そんな悩みの相談にみんなの兄貴分、イラストライターの326氏が答えてくれている。雑誌「九州ウォーカー」に連載されていた悩み相談と川柳、それに写真集と、八谷和彦さん（ポストペットのプロデューサーだよ）との対談、川柳交換を加え、にぎやかな一冊にまとまった。

「私も326氏のようなイラストレーターになりたい。どうしたらいい？」との相談に対して326氏は「後輪はさぁ、絶対前輪の前には出られないからさぁ、お手本つうのは、むしろジャマなんだよね」とイラストに添えて答えている。326氏はフリーマーケットや古着屋に作品を出したり、出版社に持ち込みをしたりして、今の仕事を得たという。だけど、それは326氏のやり方であって、だれかに教えてもらったわけではない。だれかのマネをしていては、いつまでたってもそれを追い抜くことはできないのだ、と。突き放しているわけではなく、自分で自分の道を見付け出してほしい、という326氏の兄心。他人の悩みを自分に透かして読んでるうちに、自分にもちっちゃなパワーの種をもらえた気がする。

（はな）

「"It"と呼ばれた子」　「ロストボーイ "It"と呼ばれた子少年期」　「ディヴ さよなら"It"と呼ばれた子」

児童虐待を体験した著者が赤裸々に語った壮絶な日々の記録

希望図書アンケートの結果を報告しましたが 出版社が不明だったり 内容がよくわからなかったため 検討中のものもあります。
質問、疑問があれば気軽に尋ねてください　木

▲月一回発行される新刊情報。早く正確に伝えるため、これは司書の大塚先生が担当。

希望図書アンケートより　図書館だより　5月号

購入してほしい本!!

- そして五人がいなくなる
- 亡霊は夜歩く
- 消える総生島
- チーズはどこへ消えた
- アルテゥール星伝
- あいのり日記
- 青の炎
- ちょー美女とやじゅう①
- お話しちびまるこちゃん
- ドラクエ
- 野球人
- キッチン
- 心理テストの本
- うらない
- くまのプーさん
- これが僕です。
- ベースボール
- かぼちゃの馬車と毒りんご
- プチプディ クシリング
- ✓怪談レストラン　全10巻
- 北区欠神話
- ぱ・こ・ま
- リアルバウトハイスクール
  バカが忍者やってくる
- 三毛猫ホームズの推理
- 三毛猫ホームズの怪談
- 鉄河鉄道９９９
- シックスセンス
- シックスセンス（日央画版）
- 生存者
- ✓HUNTER X HUNTER
- アンネの日記
- アンネの青春ノート
- 写真集アンネフランク
- ふたりのロッテ
- まっぷたつのししゃく
- 地球がわかる350話
- 十七歳
- 神霊女学院
- まぼろしのりゅう神伝説
- デジモンアドベンチャー①
- ハリーポッター
- ヴァルキープロファイル上巻
- 新機動戦士ガンダムW①〜⑤
- テイルズオブエターニア
- メチャイケ大辞典
- 綺尾の鎖
- ダイトサウルス作戦

- GET ON
- 競馬book
- ラグナロク5
- 星の金貨
- 犬が来ました
- 少年は鳥になった
- 野村克己「勝利の方程式」
- ホワイトアウト
- バトルロアイセル
- 野うさぎは魔法使い
- 空想法律読本
- 魔女ジェニファと私
- スヌーピー365日
- 林檎アレルギー
- LEGEND
- ラルダス[LAr〜das]
- ハリーポッター3
- ルーキーズ
- ダブルリッド
- 天姫
- 東京S黄尾探偵団
- メチャイケ大事典
- ワールドサッカーグラフィック
- 都会の詩㊤㊦
- 逃げちまえ!
- あきらめろ!
- 刃を砕く復しゅう者㊦
- 私はみにくいアヒルの子だった
- 恋愛白書15
- ギネスブック（2001）
- 新世界
- ハイスクールオーラバスター
- ミレニアムブックNEO
- ✓金持ち父さん貧乏父さん
- ムカムカこ
- バトルロワイヤル2
- チーズはどこへ消えた
- 筐破幼草子
- あぜし野に眼子もの
- ゲートキーパーズACT（1〜3）
- ストロベリーオンザショートケーキ
- あいのり（Ⅰ・Ⅱ）
- もこなき女の絵本
- お花畑のぎゃくしゅう
- 動物占い2000年版
- エヴァンゲリオン
- 矢井田瞳の本
- 小林さん
- HERO
- ふしぎゆうぎ
- ワンピース（ねじまき島のぼうけん）
- スパイラル（推理のきずな）
- 新世界本
- ひめゆりのとう2
- おおかみに育てられた子
- タッチ（全巻）
- ニ人っ子
- 機動戦士F91㊤㊦
- 新フォーチュンクエスト6,7
- ファイナルファンタジーⅡ
- F,F系
- テイルズオブエターニア

▲生徒から出された「購入してほしい本」一覧。年度はじめに全校生徒の希望図書アンケートを取り、その後、生徒の図書委員と先生たちで購入の是非を決める。

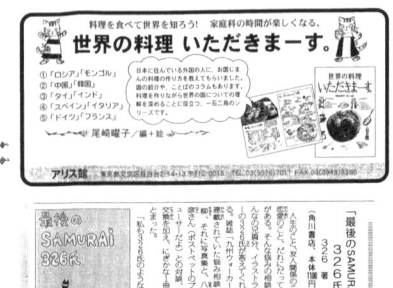

❖——もくじ

装丁＝商業デザインセンター・松田　礼一

はじめに

落合町立落合中学校は、岡山県北部にある代表的な統合校である。生徒数五三六名、各学年五クラスと、養護学級一クラスの合計十六クラスからなる。学区も広く、それぞれの方面から五台の専用スクールバスで通学して来ている。落合町の人口は一万六千人ほどで、小学校は九校、分校は二校あり、本校が落合町で唯一の中学校である。近くにインターチェンジを有するが、田園に囲まれ、静かで落ち着いた環境の中にある。

「朝の読書」は一九九五年四月九日（入学式の次の日）から実施し、今年で七年目を迎える。朝読書の時間は、職員打ち合わせのあと、八時二五分から三五分までの一〇分間。教室には必ず担任が出向き、生徒といっしょに本を読むことになっている。その原則は、以下の通りである。

【黙読の４原則】

①一定の時間読ませること（10分間）

②読む本は、生徒自身に選ばせること（その時間内はほかの本と取り替えないこと。本はすべて事前に選んでおくこと）
③教師は読むことで手本を示すこと（それは、何よりも大切である）
④感想文や記録のたぐいはいっさい求めないこと

現在、職員の大半はすでに朝読書が実施されるようになってから赴任してこられた人である。それゆえ、年度当初に【黙読の４原則】等、朝読書のやり方の説明や共通理解がとても重要になってきている。

このような取り組みをまがりながらも六年間続けてきて、ここ二、三年は図書館の利用も目に見えて増加し、また文化祭等においても、本に出てくるいろんな主人公をテーマにした寸劇が見られるようになった。

このたび、本を編むきっかけになったのは、三年間の朝読書の時間への想いを知りたいと、卒業間近であわただしい時期にもかかわらず、三年五組の担任である広瀬正明先生にお願いして、クラス全員に朝読書の感想文を書いてもらったことである。そこには素晴らしい感想文が次つぎと書かれており、このまま一中学校の中だけに留めておくには、もったいなく、できれば何かを通じて一人でも多くの人に、この想いを伝えたいと考えたことである。

本書を通して、ひとりでも多くの生徒や先生方が、朝読書に出会っていただけることを願っている。

(岡山・落合中学校「朝の読書」推進班／**大塚　貞江**)

第1章　教師たちが見た「朝の読書」の光景

出席者

✻氏平　浩司＝二学年担任／数学
✻富田　圭一＝三学年担任／理科
✻廣瀬　正明＝一学年副担任／国語
✻丸山　早苗＝二学年担任／国語
✻三村　香奈恵＝三学年担任／英語
✻山乗　和彦＝一学年担任／保健体育
✻大塚　貞江＝学校司書兼事務
✻司会＝高文研編集部（金子さとみ）

——今日、司会をさせていただきます高文研の金子です。落合中学校との出会いは、一九九六年一二月、高文研で出版した『続・朝の読書が奇跡を生んだ』に、大塚貞江先生から、「朝の読書にかけた夢」というタイトルで、落合中が朝の読書を始めたばかりの頃の記録をご寄稿いただいたことがきっかけでした。それから五年、今年の五月、突然、大塚先生から一通の封書をいただきました。そこには、ワープロで打った中学生たちの感想文が同封されており、添えられていた手紙にはこう書かれていました。

「…これは三年間の朝の読書を振り返った三年五組一クラス分の感想文です。クラスの中には、三年間で千冊以上の本を読んだという生徒が出現し、これは過去最高のものです。三年生になってからでも読書が好きになれたという生徒も多くいて、私のような者にも感謝してくれ、その喜びを次の生徒につなげなければと努力しているところです。こんな素晴らしい感想文をどこかに発表できる機会があればと、高文研に送ります」

高文研ではこれまで朝の読書に関する本を三冊（『朝の読書が奇跡を生んだ』『続・朝の読書が奇跡を生んだ』『読み聞かせ　この素晴らしい世界』）出版してきました。朝の読書の実践校は二〇〇一年九月末現在、全国で七、〇八四校（朝の読書推進協議会調べ）だそうですが、その六七パーセントは小学校で占められています（一三五ページ参照）。小学生たちが本を読んでくれるのはもちろん嬉しいことですが、それに加え、中学校や高校でこそ、もっと本を読んでほしい、本好きの生徒が増えて欲しいというのが私たちの願いです。しかし、中学校になると、部活や受験のためになかなか朝の読書の実践が成立しにくい（それは高校でも同じだと思いますが）。そんな中、落合中三年五組の感想文は新しい可能性を予感させられるものでした。

私たちはさっそく、高文研の朝の読書シリーズにこの落合中学校の実践を加えたい！そして全国の中学校にもっともっと「朝の読書」が広がっていくよう、そのテキストとしても読まれ、使われて欲しい、そう願って、出版のお願いをしました。

東京からこの落合中学校まで、新幹線と高速バスを乗り継いで計六時間半の旅。ここは中国山脈の真ん中、鳥取県に近い位置にあります。美しい山並みを遠望する全校五三六名の中学校、その中学校でどんなふうに朝の読書が始まり、どんなふうに生徒さんたちは本を読んでいるのか、各学年から二名ずつ担任の先生にご出席いただき、指導のご苦労なども含めてお話をうかがうことにしました。まず最初、学校司書の大塚先生から、七年前この学校で「朝の読書」がスタートしたきっかけからお話しいただきたいと思います。

✺出発時、最大の難関は10分間の確保だった

大塚　私はこの学校に来て今年でもう二〇年になるんですが、「朝の読書」を始める頃

までの悩みというのは、本を読む子と、読まない子の格差が非常に大きいというのと、女子に比べて男子はほとんど本を読まない、これでいいのかな、ということをずっと思い続けていたんです。生徒たちの活字離れということももちろんありましたし、図書館の貸出率も明らかに落ちている。図書館からいろんなことをアピールしてみるんですが、それに応えてくれる子どもらは限られていて、なかなか広がりがつくれない。どうしたらいいんだろうと思っていたところへ、千葉の市川学園の林公先生から「朝の読書」を紹介するハガキが届いたんです。

さっそく林先生に、ご著書である『朝の読書が奇跡を生んだ』（高文研刊）を送っていただき、一気に読んで、「これだ！　これをこの学校でもやれたら素晴らしいだろうな」と思ったんです。で、すぐに図書館担当の先生に相談したり、国語科の先生に話を持ちかけたりしたんですが、最初は先生方も「そんなことはまず無理だろう。時間的なこともあるし、全校でやるとなると、反対者も出るだろう。全員の賛成を得るのはむずかしい」ということでなかなか進まなかったんです。

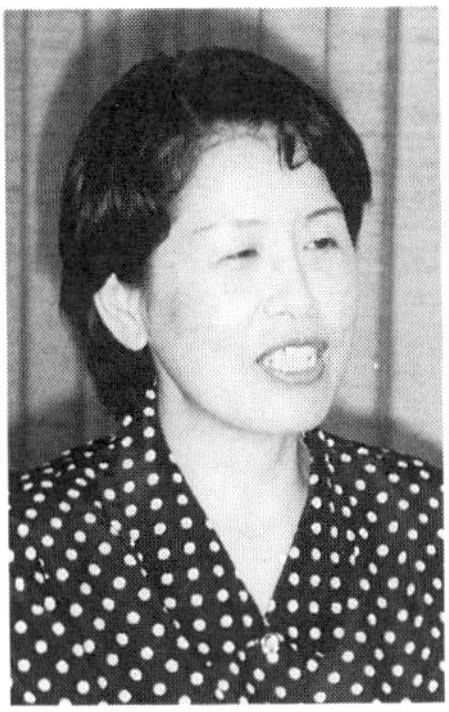

大塚　貞江先生

そんな中で、前任校で「朝の読書」を経験してこられた先生がおられて、その先生から「朝の時間が静かになって、落ち着いて授業が始められるし、読書の習慣もつく。何より読書の楽しさを知った生徒が確実に増加した。ぜひ朝の読書をやろう！」という力強い発言があって、とにかく進めてみようということになったんです。

しかし生徒の反応もわからないので、まず試行期間を設けて実際にやってみようということで、たしかこの時は朝二〇分ずつ二週間、全校で朝読書を行ったと思います。その結果、大多数の先生方が「良かった！　朝、落ち着いて学活に入れるし、いい取り組みではないか」という声が多く出て、「じゃ、これを正式に全校にはかろう」ということになりました。これが一九九三年の二学期のことです。

それから翌年にかけて、職員会議で何回か、「朝の読書」について、やり方とか、本当にできるのかといったことについて討議を重ねていったんですが、具体的な話になるにつれて、先生方の中にいろんな問題点や不安が湧いて、中には「無理じゃないか」という意見まで出てきた。無理だというのは、朝の職員会議が長引いて、担任が教室に行けないんじゃないかとか、さらに大変だったのは、朝読書の一〇分間をどうつくり出すか、ということでした。

この学校は岡山県の北部にあって、学区が大変広いんです。遠距離通学で、それぞれの方面から五台の専用スクールバスが出ていて、帰りの時間も制約されている。さらに、もう一つのネックは給食で、この学校では、全校で集まって食事をする食堂方式なんです。これは教室で弁当を食べるのと違って、先生方も食事指導につかれるため、どうしても一定の時間がかかってしまう。

そういう時間的に余裕のない学校でどうやって朝読書の一〇分間をひねり出すか、大変難題だったのですが、ある先生が六時間目とその後の掃除の時間まで五分間の時間があることに着目して、「この五分間は必要ないんじゃないか」と提案してくれたことから、突破口が開けたんですね（注・今はお昼の食事の後、掃除時間となっている）。結局、その五分間と、終わりの五分間を延長することで、朝の職員打ち合わせの一〇分間も削らず、学活の時間もこれまで通り一〇分間を確保して、朝読書の時間を設けることができたんです。

✺静かな朝のスタート、夢のよう！

――それで、一九九五年四月、落合中学校の「朝の読書」がスタートするわけですが、スタートした当初の情景は覚えておいでですか？

大塚　覚えていますね。最初はとにかく驚きでした。教室の中はわかりませんが、廊下は静まり返っていて、スゴイな！って。あとで、担任の先生に聞きましたら「教室の中はそうじゃなかったよ」と言われたんですが。

丸山　私は、この学校に赴任してきた時はまだ朝読書がなくて、実施するかどうかで職員会議をやってる頃だったんです。その後、産休に入ったためスタートの時期は不在で、復帰したら朝読書が始まっていた。それで一番印象深いのは、朝の学活です。

それまでは、職員朝会を終えて朝の学活に行くんですが、もうワイワイガヤガヤ。「もう鐘が鳴っとるよォ！」と言っても、廊下にいたり、テラスにいたり、他の教室にいたり、好き勝手で、休み時間みたいな状態なんです。それが、朝読書が始まってからもう夢のよう！「はい、朝読書やめてください」だけで、静かに落ち着いて朝の学活が始められる。それはもう一八〇度変わったですね。

——大塚先生と丸山先生のお二人を除くと、みなさん、朝読書が始まって以降、落合中学校に赴任されたということですが、この学校に来て、はじめて朝読書の光景をご覧になられた印象はどうでしたか？

三村　前任校では朝五分間学習をしていて、それもただプリントをこなしていくという感じで、正直言って、あまり実りはないんですね。それに比べ、こちらへ来て、朝読書を見て、一〇分間って有意義だなあというのをすごく感じました。当時担任が一年生でしたので、朝読書は私もはじめて、子どもたちもはじめて。これがどういう経緯で始められたかということも知らずに、当然ここにあるものだという意識で、本を読んでいました。

山乗　最初の印象は、新鮮だ！　のひと言ですね。前任校にはなかったですから。最初担任を持ったのは二年生で、彼らは一年の時からやっている。とにかく朝、静かにスタートできる、そういう雰囲気がはじめからありました。

廣瀬　私はこの学校に来て今年で四年目なんですが、前任校の時、新しい校長が赴任してきた。その校長先生が落合中の元教頭先生だったんです。で、ある時、私の机の上に一冊の本を置いて、「これを読んでみなさい」。それが『朝の読書が奇跡を生んだ』だったんです。私が国語だったもんですから、「いいだろ！」「いいですね！」「うちじゃできんかね」ということで、あれこれ議論の末、導入したんですが、問題は朝読書の時間、職員打ち合わせがあって、担任がなかなか教室に行けないんですよ。で、誰も行けんよりはというので、学年から一人教師が行って、廊下で番をしとる。しかし教師が一人廊下におったところで、自分のクラスでないところまで指導するのはなかなかむずかしい。朝読書といってもそう簡単ではないなあ、という感想を持ってこの学校へ来たんですが、ここでは担任がみんな教室に入る、すごくアットホームな感じですよね。

　で、転勤してすぐ一年生を持ったんですが、ぜひいい形で定着させたいというのがあって、隣りの二組の

廣瀬　正明先生

担任先生と、「一組はチャイム鳴っても、歩いとる子おったで」「よーし、二組には負けられんなあ」などと冗談で競い合って、三年間やってきました。

子どもたちがシ〜ンとした中で、活字を追っていく光景を見ていると、すごくいいなあと思いますし、集中力というか、そういうものが身についていっているように思いますね。

富田　私はこの学校は今年で二年目なんですが、前任校は朝学習をしていまして、私があんまり読書が好きな方ではなかったので、朝学習の方が生徒にとっては実りがあるのかなと思ったりしたんです。しかし、去年一年間で、ずいぶん考え方が変わりました。

来た時は二年の担任で、私は朝読書ははじめてですが、生徒の方は積み重ねがあるから進んでやっている。私もその雰囲気に呑まれていっしょにやってきたという感じなんですが、それを見ていて、私がすごく大きいなあと思ったのは、丸山先生も言われましたが、一日のスタートが非常に落ち着いてできるということです。

「ハイ、席に着いて！」と教師に言われて始めるのでなく、「読書やめて」というところから始まる。それが非常にいいなあと。朝学習ではとてもこういう雰囲気にはならないですよ。早く終わった子、時間がかかる子、答え合わせをして、「おうた」「違うた」とガチャガチャしますし、とても落ち着いてホームルームに入れない。そこが朝読書と大きく違うところです。

――『朝の読書が奇跡を生んだ』の中では、生徒の遅刻が大幅に減ったというエピソードが語られているのですが、この学校ではどうですか？

大塚　始める前、遅刻は結構ありました。朝読書が始まってからは、皆無とはいえませんが、全体的には気にするような遅刻はないように思います。

氏平　朝の職員打ち合わせを終えて、担任の先生たちが朝読書の教室に行くと、残った副担の先生たちは生徒玄関のところに行って、下駄箱周辺の掃除をしたりしながら遅刻して来る生徒を見るんですが、校内がシ～ンとしていますから、そんなに目立つ遅刻はないですよね。

廣瀬　教室もみんな静かにシ～ンとしていますから、肩いからせて堂々と入って来るという雰囲気ではありませんからね。遅刻して来る子もいくらかはいましたが、だいたい小さくなって、謙虚な形で入ってきます（笑）。

✺担任も生徒といっしょに読書

――その朝読書の時間ですが、朝の読書のヒントになったアメリカ・マサチューセッツ州ゲートウェイ公立中学校の場合、「この時間、生徒だけでなく、校長、教師、事務職員など、全員がそれまでしていたことを中断し、読むものを手にする。何を読むかは各自の選択にまかされている。この時間、ゲートウェイ中学校で聞こえるたった一つの音はページをめくる音である」（『読み聞かせ　この素晴らしい世界』）と感動的な情景が書かれているのですが、落合中の場合、先生たちはこの時間、それぞれどんなふうになさっているのですか？

氏平　だいたい私の場合、パターンがあって、入るとまず教室整備。今は昼休みに掃除を行なっているため、前日、五、六時間目の授業をしたあとの黒板消しの粉がミゾにたまっているんですよ。それがどうも気になって、まずミゾを拭いて、次に掲示物がはがれていたらそれをとめて、次に朝の学活で忘れそうな連絡事項を黒板に書いて、そこまで一通りやって時間があったら、自分の本を読む。もちろん、入って行くと生徒はみんな静かに本を読んでいます。

山乗　毎朝八時二五分になると、生徒の図書委員の方から「朝読書の時間です」という放送が入るんですよ。で、私の場合は、本を持って上がって（注・職員室は二階、教室は三、四階にある）、そうすると生徒はもう本を読んでいますから、私も前の席について読んだり、後ろに立って読んだりします。読みながら一通り生徒の様子を見て、読んでない子がいたら「どうしたんかなあ」と思いますが、その場で声はかけません。

廣瀬　私は今年は担任がないんですが、昨年まではだいたい本を持っていって読んでいました。忘れてしまうこともよくあって、そういう時はボーッと子どもたちの顔を見ている。立ち歩いたりする子はいませんし、こちらが机間巡視なんかしたら、かえってじゃまになりそうだし、とにかくその時間は子どもたちといっしょに本を読む時間にしていました。

丸山 私も、こっそり静かに教室に入って、まず忘れそうな伝達事項を黒板に書いて、次に一通り教室を見渡して出欠を確認し、あとはひたすら自分が持っていった本を読みます。うちのクラスは日直の子が前に出て、教卓のところで読むんですよ。だから私は、その日直の子が抜けた席に座って読むか、入り口の風通しのいいところで読んだりします。始まった当初は、本を持って来ない子がいたりしたんで、机間巡視をして、「忘れとるん？ 本持ってこんと」などと生徒に声かけをしていたんですが、そうすると、その子が受け答えをするでしょ。どうしてもやかましくなるんで、それはやめて、その時間はなるべくこっちも声を出さないようにして、あとは生徒を見ずに、自分の世界に入っていきます（笑）。

富田 あのう、ボクは、つい最近まで、先生も本を読むというのは知らなかったんですよ（笑）。それで、静かですから、じゃまにならんように、静かに瞑想しとった。最近、教員も読むんだということがわかりまして、読むようにしています（笑）。去年の秋くらいから気づいたんですよ。隣りの教室をのぞいた時に先生が読んでたんで、これは読むもんかと。スミマセン（笑）。静かな時は目をつぶっとったら、本当にこの教室に四〇人近くおるんかな、というのがわからんくらい、それくらい静かです。

富田　圭一先生

三村　私はいま、皆さんの話を聞いて、こんなに完璧にされているんだとわかって、少しあせっています（笑）。うちでは毎年新学期、図書館担当の先生から職員向けに「朝読書の意義について」というお話がありますよね。毎年されるんで、何でそんなに説明がいるんだろうと最初、思ってたんですが、何回目かにやっとわかったんです、こういう深い意味があるんだと。

で、私の場合ですが、朝は、自分の本を持って行って前に座って読んでいる…ふりをしながら、生徒の方を眺めたり、また読んだりしているんですが、波があるんですよ。スッとできる時期と、ダラけてチョチョッとおしゃべりが出たり、生活ノートを書いている子がいたり。そういう時には、その場では目で合図を送るようにして、声に出して注意はしませんが、その後の学活で朝読書の意義について、もう一度話したりします。でも何日か呼びかけをしてもまだ本を持って来ない子がいると、「放課後、図書室に借りに行ってもらうからね」と言ったり、どうしても準備しない子には、私が直接借りてきて渡してあげたこともあります。

✳叱責は逆効果、読まない子には目でサイン

――いま三村先生から「波がある」というお話がありましたが、毎朝一〇分間、全校で読書をするという中で、「本を持って来ない子がいる」とか、「教室がやかましくなってしまう」とか、いろんな困難・問題点が出てくるのではないかと思います。落合中の場合、その困難はどんなことだったか、またそれをどんなふうに乗り越えてきたか、それぞれお話しいただけますか？

廣瀬 クラスの中で全員が本を広げて読んでいるかというと、そうじゃないんですよ。去年卒業した三年生が一年生の時、「本を持ってくるんだよ」と言っても持ってこない子がいた。何度言ってもかたくなに持ってこない。「何で持ってこんのか！」、だんだんこっちも声を荒げてしまったんですが、そうなると、生徒は朝読書そのものに嫌悪感を持ってしまう。

それで失敗したな、という思いがあったものですから、その後はきついことは一切言わない。生活ノートに「こういう本を読んで楽しかった」という感想があると、学活の時に

「一〇分間の中でこんなにも心をふるわせている仲間がいるんだなあ」みたいな話をしていく。そうすると、何も言わないのに持ってくるようになったり、しばらくすると、またやっぱり持ってこなかったりするんですが。

ですから、一年を通じて全員がピシッと本を開いて読んでいるということはできませんでした。誰かしら伏せっている子はいるし、本を持ってこれずに一〇分間瞑想している子もいる。それでも忘れた子を叱責することも、読んでない子を「こりゃ！」ということもしなかった。叱って嫌いにするよりは、みんながいい雰囲気をつくっている、そんなら自分も何か持ってこようかなという思いになればそれでいいかなと。声を荒げたら、その子は絶対に読書にのってこなくなりますから。

――騒いでじゃまするというようなことはないんですか？

廣瀬　それはありません。そんなことをしたら怖いんじゃないですか。みんな本を読んでシ〜ンとしてるんですから。

富田　私も「読んでねえがな」と、きつく怒ったりするのは逆効果じゃないかと思います。教室が静かなんで、手ぶりでちょっとサインを送るだけで、素直に本を出しますから。生徒が本にのめり込んでいる時は、同じ静かでも、空気が違うんですよ。とにかくシ〜ンとして、ものすごくいい空気の時があって、そういう時は、朝の会の冒頭「今日は良かったな」と、ひと言、こっちの感想を伝えるんです。そうすると、生徒もええ顔しますし、次の日からまたいい状態が続いていったりします。

山乗　私もこの学校に来て、一、二、三年と持ち上がったことがあるんですが、やはり学年が上がるにつれて読まない、読めない、本を持ってこない子が出てきて、どうしたらいいか、悩んだことがあります。強制的に読ませるのもどうなのか、ただ毎日の一〇分間は保証されていますので、「一〇分間は有効に使おうや」ということは話してきました。

氏平　本を持ってこない生徒は学期はじめとか、学年のはじめにどうしても数人出てきます。しかし私は、忘れたからボーッとしているという子をつくりたくないので、自分の家にたまった本を学級文庫に持ってきて、置くようにしているんです。学級文庫には図書室から学級用に借りてきた本も一〇冊入っているんですが、私の個人本も含めて、いろんなジャンルの本を入れて置くと、生徒は結構それを読むんで、かえって幅広く本の世界に触れられるかなという利点はあります。特別困ったということは、今のところ、あんまりないですね。

氏平　浩司先生

✸生まれ変わった図書室、貸出率もアップ

丸山　私のクラスに読まない子、読めずにいる子は

丸山　早苗先生

いましたが、廣瀬先生や富田先生のおっしゃるように、あまりやいのやいの言われたら楽しくないので、ある時は言ってみたり、ある時は放っとくと、そのうち周りを見て、自分も教科書を出してみたりといった感じですね。

特に去年は、読まない子、持ってこない子が固定していたので、学年の終わり頃、図書室から本を借りてきて、強制的に持たせたんです。私が星新一が好きだったんで、全員に星新一を渡して、「絶対これはおもしろい！　だまされたと思って読んでごらん」と言ってね。

そうしたらこれが興味に合ったんでしょうね、おもしろかったと言って、朝読書の時間が終わっても読んでいる。ちょうど学年末だったので、そう長くはなかったのですが、何人かで「次、貸して！」「次、これ！」という感じで大騒ぎでした。「自分で図書室に行ったんじゃ」とか言って（笑）。

うちの学校は図書室が充実していて、大塚先生が熱心に取り組んでくださるので、子どもたちが「こんな本が読みたい！」と言ったら、最新刊でも入れてもらえるんですよ。この郡内を見渡しても、他の中学校では日中ほとんど図書室があいてないとか、場所が悪くて、校舎の端っこにあるとか、あいても休み時間と昼休みだけとかいうのが多いんですが、この学校は昼休みなんか、入れないくらい人がいっぱい！　いつもわーっと生徒がいて、図書室が楽しい場所になっているんで、私たちも借りやすいし、生徒も借りて読もうという気になるんですよ。

三村　私も大塚先生には、本に親しんでない子向けの本を紹介していただいたりして、お世話になってるんです。きっかけを与えてあげることが大事ですよね。以前は、読んでないけれど静かにしていればいいかなというくらいの意識でいたんですが、何年かこの学校にいて、朝読書の意義がわかるようになってからは、子どもにいい本との出会いをさせてあげたいな、という欲も出てきて、それから大塚先生に聞いて「これがいいよ」というのを、子どもに渡して読むように勧めているんです。

――読まない子がいたり、立ち歩きがあったり、もっともっと先生たちが苦労される場面があったのではないかと思っていたのですが、予想を越える素晴らしい時間になっているのに驚きました。

ところで、いま丸山先生から図書室のお話が出ましたが、朝読書を始める前と、始まってからで図書室はどんなふうに変わりましたか？

大塚　まず貸し出しですが、最初、年間二千数冊だったのがだんだん増えて、一番多かったのが一九九八年度で一万冊を越えました。それから生徒数も減ってきましたので、今は年間八千冊くらいです。でも毎日五〇～六〇冊の貸し出しは続いていますので、平均的に貸し出し率は上がっているかなという気はしています。

一日の利用率ですが、正確に数えたことはないんですが、この間、お昼休みに大勢来てるなと思って、ざっと数えたら七〇人くらいいましたね。図書室の広さは教室一つ半くらいなんで、もちろんみんな座ることはできなくて、あちこちでダンゴになっている。本を借りにくる子、返しにくる子、おしゃべりにくる子、マンガを見にくる子、雑誌を見にくる子……、短い時間ですから、真剣に読む子はそういないんですが、憩いの場みたいな感じでやって来ますね。

以前は男子生徒でやってくるのはせいぜい一人か二人だったんですが、朝読書をやりだしてからは、男子生徒も次つぎ来て、利用する中身はちょっと違いますが、数は男女同じくらいになりました。これが正常なんだなと思っているところです。

この間も、野球部の子で、私は面識がなかったんですが、図書室へやって来て、「『ハリー・ポッター』出るんですか？　ぜひ読みたいんで注文してください」と言うんです。三巻目が出るという予告を図書室の廊下のポスターに告知しておいたので見たんでしょうね。「いいけど、それ、自分で買うん？」と聞いたら、「ハイ、ボクが買います」と言う。

その後、「○○日に来るから取りに来て」と伝えたら、ちゃんとその日に取りに来て、代金も翌日きちんと持って来てくれました。あとで聞いたら、その子は野球部のレギュラーで活躍してる子だというんです。それで、野球部の顧問の先生に「こんな子がいましたよ。私は何となく心の隅で、野球部の子は本なんか読まないかと思ってたんですが」と伝えたら、「そういうことはありません。野球部の子でもちゃんと本は読みます」と言われて、「失礼しました」と言ったんですが（笑）。

✺読みたい本の情報は図書室が提供

――先ほど三村先生から、「本に親しんでない子向けに、大塚先生から本を紹介していただく」という話が出ましたが、たくさんある本の中でどんな本を選べばいいのかというのは、私たち大人でも迷います。まして中学生たちのこと、どんな本を読んだらいいのかわからないという点に対しては、どのようにされているのですか？

三村　香奈恵先生

三村　大塚先生がわりと頻繁に「図書館通信」を出してくれるんです。そこに新刊の案内とか、こんな本が良かったよ！　という記事があって、そういうのを子どもたちも見ていますから。

山乗　図書室の廊下に、手作りの新着本のポスターが出るんですよ。それは私たち教員が見ても「読んでみたいなあ」という気になるもので、そういうものを生徒たちも見ているんです。

山乗　和彦先生

富田　あと、図書室に入ると、テーマ別にコーナーがあるんですよ。新刊書だけ集めてあったり、沖縄修学旅行のための本のコーナーがあったり。生き方を考える本や、イジメを考える本のコーナーがあるとか。本屋さんに入ったような感じで、思わず読んでみたいなあという気になりますよね。

大塚　コーナーを作りながら「何人の生徒が本を借りてくれるかなあ」なんて楽しみながらやっているんです。本棚に置いてある本でも、テーマ別のコーナーに持ってくると、借りてくれる子がいるんで、良かったな！　と思いますね。「新刊情報」は私が作りますが、「委員会情報」は図書委員で作っていますし、廊下に貼り出すポスターも子どもたちの手作りなんです。

あと、年に一回ですが、『心に残るＢＯＯＫＳ』という冊子を作っていて、そこには生徒たちが読んでおもしろかった本の紹介がイラスト入りでズラッと載っています。これも、どんな本を読んでいいかという時、参考になっていると思います。大人が言うより、子どもたち同士の紹介の方がずっといいですから。

丸山　希望図書の用紙に書いて出したら、購入してくださるなど、細かい希望にも答えてくれますし、「予約図書」といって、貸し出しが殺到する本はリクエスト用紙に書名や名前を書いて提出しておくと、自分の順番が来たら知らせてくれるようになっているんです。そこに名前がいっぱい書いてあって、生徒は「書いてきた！」とか言って、満足そうにしていますよね。

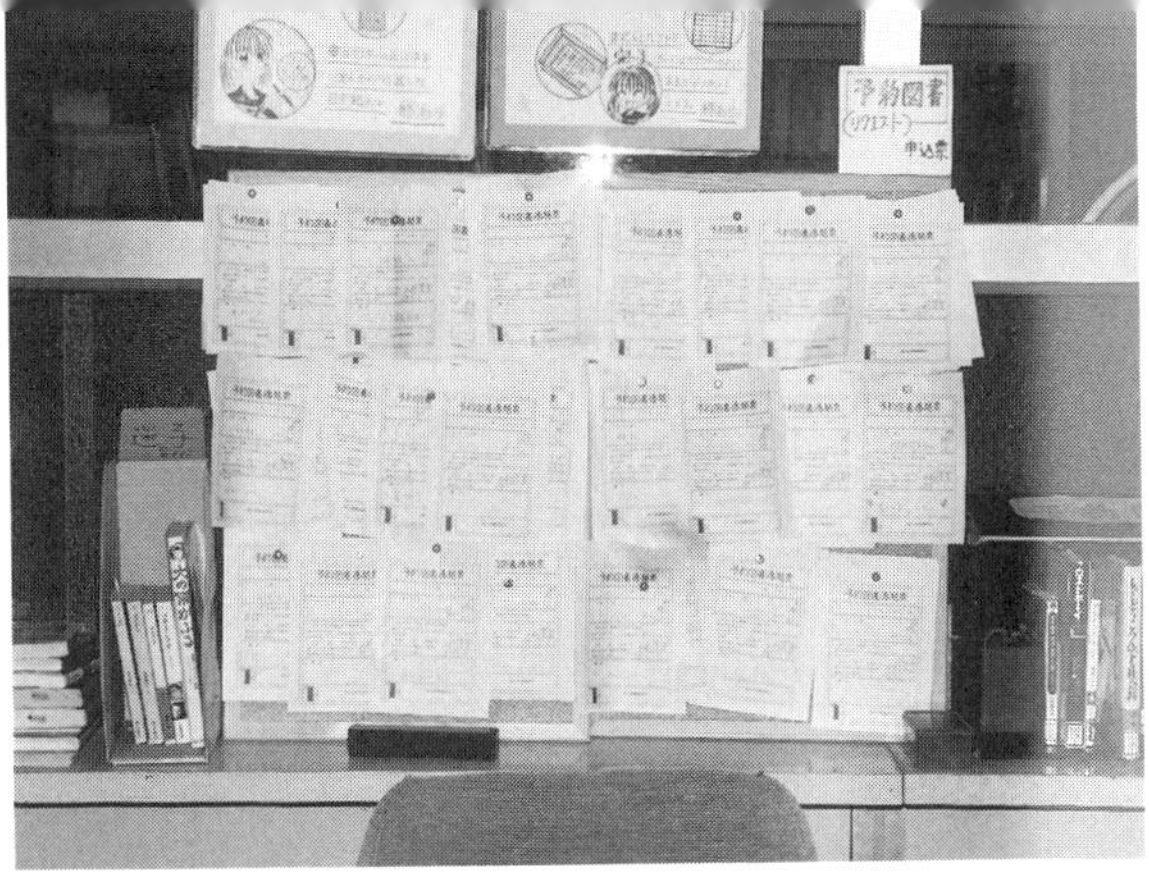

▲「予約図書」のコーナーは順番を待つ生徒でいっぱい！

氏平　とにかくよその中学校と比較して、図書室の機能の仕方が違うのと、もうひとつは場所がいいんですよ。図書室は二階の職員室の並びにあって、ここは誰もが必ず通るところなんです。前任校の場合、図書室は校舎の一番端っこ。その上、司書の先生が来られるのは放課後だけですから、条件が全く違いましたね。

――つまり、朝読書が順調にいくかどうかの背景に、図書室がうまく機能しているかどうかという問題があるということですね。

廣瀬　そうですね。さきほど丸山先生が近隣の中学校の実情を話されましたが、私の前任校も日中は鍵がかかっていました。司書の先生がいないので、休み時間なんか管理できない。格好の遊び場と化してしまう。結局、閉めるしかない。そうなると、どうしても足が遠のきますよね。でもこの学校は、司書の先生がおられて、明るい感じで、生徒もたくさん来るし、本当にいいと思います。

✳「鍵がかかった図書室」が多い現実

丸山　ただ司書といっても、大塚先生は事務と兼務で、専任の司書でないから〈注・学校司書兼事務〉、本当はすごく大変ですよね。私も前任校時代は、教科が国語ということで、司書を兼務してたんです。でも教員が司書を兼務するというのもとても大変で、とにかく忙しい。用がある時だけ鍵をあけて、あとは閉めておくしかない。そうなると、開けても誰も行かない。図書室の本も、新しいのは入れられないし、古いのも捨てられない、時間が全然ないですから。それに、みんな行って読もう！　なんていうムードじゃないですよ。ですから、図書室って、ただ開いていればいいというわけでもないし、司書がいればいいというわけでもない。うちはそれがうまくかみ合っているということだと思います。

――そうすると、この近隣の中学校は日中、図書室が開いてない学校がかなりあるということでしょうか？

山乗　私の前任校も鍵がかかっていましたね。よっぽどのことでないと開かない。

富田　鍵をかけておかないと、非行の温床になってしまうんですよ。本が飛んだり、カードが飛んだり、あまりいいことはありませんでした。その点、ここは全く違いますね。雰囲気からして、ふらっと寄ってみようかなという気になる。大塚先生がよくやってくださるので、本当にありがたいと思っています。

三村　授業が組めなくて自習の時も大塚先生が「いいですよ」と言ってくださるんで、気軽に図書室を使わせていただくんですよ。子どもたちも自習の勉強をサッとすませて、自分の読みたい本を読む。その時間をとても喜びますよね。

丸山　自習の時は図書室に行きたがりますね。行かないと、「なして、図書室じゃないんじゃや！」、みんな行きたいんですよ。私なんかも、「あ、これで一時間、本が読める！」(笑)

廣瀬　しかも、それもまた静かなんですよ！

大塚　自習の時、たまたま居合わせることがあるんですが、静かなんで、私もビックリしました。

氏平　朝読書と同じで、こっちが歩いて見回ったりする方がうるさくなる。読んでいた方が静かなんですよ。

✺テスト・行事期間中の朝読書

——テストの期間中、朝読書はどうしてるんですか？

丸山　時間はそのままです。テスト当日は自主学習したり、勉強したりしているので黙認です。

廣瀬　しかし読書してる子もいますよ。

丸山　いるいる、いますね！

——行事の期間中はどうなりますか？

丸山　文化祭前は放課後、練習時間を確保するため、朝読書の時間がカットされるんです。で、元に復帰する時、ちょっとガタガタするということはあります。

——クラスの図書委員が学級文庫の本を揃えるということですが、あと図書委員の役割というのは？

丸山　学級文庫は、委員会の時に自分のクラスの分（10冊）を二人で選んで、教室へ持って上がるんですが、一カ月に一回——となっていますが、実際には学期に一回、中身を入れ替えます。でも先ほどから話していますように、図書室が自由に使えますから、学級文庫に頼らなくても、自分で行けば好きな本が借りられますので、その点では不自由はしてないと思います。

――朝読書で読む本は、自分の家から持ってくるとか、図書室で借りるとか、いろいろあると思いますが、どういうケースが一番多いんでしょう？

丸山 一年の時は家から持ってくるとか、自分で用意するケースが多いと思うんですが、学年が上がるにつれて、友達から借りるとか、友達から聞いて図書室で借りるというふうな感じですね。自分ではじめて本屋さんへ買いに行った、というのも二年生くらいになると出てきます。

大塚 結構多いですよ。本屋さんに行くようになったというのは。

丸山 読んでいる本については、何を読んでいるとか、どんな感想だとか、基本的に詮索しませんので、わからないのですが、いつもマニキュアがどうの、どこやらの化粧品がどうのと言ってる子が、「先生、この本おもしろいで、今度、貸してあげようか」と言って来たりするんです。で、「貸して！」と言ったら、「いま貸したら汚れるけん、いやじゃ。まだもうちょっと、もういっぺん読んでからな」なんていうことがあって、嬉しいですね。

✺うれしい生徒のひと言

――子どもたちの話が出たところで「朝読書、ここが素晴らしい！」というお話を出していただけたらと思います。

山乗　この学校で感心するのは、生徒たちが時間があったらどこでも本を読んでいる光景を目にすることなんです。朝学活が終わって一時間目がはじまるまで読んでいる、休み時間も読んでいる、昼休みも、給食室でも、放課後でも読んでいる。最初、来た時は、「朝読書のモデル校なんかなあ」と思ったほどです。読んでいるのが自然なんですよ。周りがわあわあ騒いでいるのに、何人かは熱心に本を読んでいる。最初見た時はビックリしました。

富田　それに、この学校の生徒は本を持ち歩いているんですよ。これはすごいなと思います。

大塚　私は、保護者の方に、「子どもによく、本を買いに連れて行ってくれと言われる」というのを聞いてとても嬉しくなりました。それと、今年はとりわけ朝読書がうまくできてるんじゃないかという気がしています。というのは、生徒が図書室に来て、「朝読書で読む本がねえがな」というような会話を交わして、本を借りていくんですよ。こういう会話はこれまであまり聞いたことがなかったので、「ああ、朝読書を意識してくれてるなあ」と、本当に嬉しいですね。

三村　いつでも教室の中で本を広げている子の中には、周りとベチャベチャ話すのがしんどいという子もいると思うんですよ。そんな子の一人がある日、私に「先生、この本とってもおもしろいよ」と、言ってきたんです。それは盲導犬を育てる話で、「この本を買うと、一部が寄付になるんだ」とか、中にカードが入っているんですが、それを見せて、私にあげると言ってくれたりして、思いがけずその子とたくさんの話をすることができました。それ以外にも、生徒との間で、本を紹介してもらったり、こちらが紹介したり、朝読書のおかげで生徒と話題がふくらんで、知らなかった生徒の一面が見えたりしました。

丸山　保護者のことで言えば、あるお母さんと話していた時、「はじめて本屋さんに行って、自分で選んだんですよ」と、嬉しそうに話されていましたね。

また、朝読書の感想を学年末に書かせたことがあったんですが、いつもはおとなしくて、あまり目立たない子が、「一日の中でいちばん幸せな楽しい時間があの一〇分間で、理由は、学校の中でいちばん自由な時間だからです」とあって、「う〜ん、これは同感だなあ」と思いました。たしかに朝読書の時間というのは、本は読むんですが、何を選んでも、何を考えてもいい、自分のペースで過ごせるわけですから。

——最後になりますが、次章で紹介する「私を変えた朝読書」は、廣瀬先生が昨年まで担任された三年五組の生徒さんたちが書いてくれたものだそうです。これはどういう経緯で生まれたものなんでしょうか？

廣瀬　きっかけは大塚先生からの依頼だったんです。最初にも話しましたが、この生徒たちが一年の時、私もこの学校に赴任して来まして、朝読書はきちんとしようということで、冗談で隣りクラスの担任先生と張り合った。その後、クラス替えがあったりはするんですが、大塚先生の目から見ると、私たちの学年は三年間とてもいい雰囲気で朝読書ができたのではないか、その成果が知りたいので、ぜひ生徒たちに感想を書かせてくれないかと言われたんです。

それで、私は教科が国語なんですが、三年生の最後の方の授業で紙を配って、「大塚先生から朝読書の感想を聞きたいという要請がきている。三年間、朝読書をしてきた感想でもいいし、大塚先生へのメッセージでもいい。書いてくれないか」と言ったんです。時間は一〇分間くらいだったと思うんですが、みんな一生懸命書いてくれまして、それを読んで、ビックリしたんです。「みんな、こんなにあの一〇分間を大事に思ってくれていたのか！」と。校長先生にもお見せしたんですが、「いい内容だなあ。長時間かけたのか？」と言われたんですが、そんなことはない、授業の最後の一〇分間なんですよ。

——ありがとうございました。その素晴らしい中学生たちの感想を、次章でぜひ読んでいただきたいと思います。七名の先生方、長時間、貴重なお話、本当にありがとうございました。

職員みんなの力で支える「朝の読書」

❖落合中学校校長　仲前 百合雄（談）

仲前 百合雄先生

私はこの学校に来て二年目ですが、赴任した当初は校内を歩いて、何度か朝読書の様子を見せてもらいました。朝の職員打ち合わせが八時一五分から一〇分間、そのあと朝の読書が始まるんですが、八時二五分になると、毎朝、図書委員の男の子がものすごくかわいい声で「八時二五分になりました。みなさん、読書を始めましょう」と放送するんです。それが流れると、シ〜ンとなりますね。

それも二、三年生はさすが早い。一年生はやはり一学期の途中までザワザワ感があったりするので、担任も気にして早めに教室に出向くんですが、とにかくいつまでもガサガサせずに朝のスタートがきれるというところがたいへんなことだと思います。

この朝の読書は、実は前任校でもやっていたんです。ただこの学校のように授業時間に組み込まれていない。職員朝礼の裏で子どもたちが自主的に本を読むという形なので、どうしてもここのように静かにできない。その点、この学校では必ず担任がついて、生徒といっしょに本を読む。

職員朝礼が終わると担任の先生たちは一斉に教室に向かいます。それ以外の先生は残って職員室でタバコをふかしているかというと、そうではない。私も含めてですが、二五分のチャイムがなると、残った教師たちはみんなで生徒玄関のところに出て、下駄箱の掃除をしながら遅刻して来る生徒（遅刻といっても限られたほんの数人ですが）に声かけをするんです。とにかく八時二五分のチャイムで職員全員が動く、そこが他の学校と違うところかなと思っています。

それに、これは座談会の中で先生たちも触れていたかと思いますが、この学校の図書室はたいへん場所がいい。前任校も、その前の学校も、図書室は校舎の一番端の方にあって、不便でなかなか行けない。その点、ここは生徒がしょっちゅう出入りしますし、昼休みなどかなりの数が入っている。

朝の読書ははじめはイヤイヤの子もいるんでしょうが、本が好きになったという子は確実にいますし、休み時間、一人で一生懸命本を読んでいる子もいる。部活は全員加入なんですが、何人か運動ができない子が、放課後、友達が部活をしているのにつき合いながら、本を読んでいるというような光景も見かけます。そういうふうに、本がある環境に身を置いているということだけでも、子どもたちには幸せなことではないかと思います。

ただこの朝の一〇分を確保するために、先生たちは本当に大変です。昼休みがほとんどない。昼は給食指導に行って、終わるとすぐ掃除。そして五時間目が始まる。それがどんなに大変でも、何とか朝の読書を実現したいということで、やろうということになったんだと思うんです。六年経って、もう当時の先生はほとんど転勤されていないのですが、毎年、四月の段階で朝読書の意義を再確認しながら、「えらくてもみんなで頑張ろう」ということをやっております。それも、みんなが、いいことだということがわかっているからです。朝の授業が始まる前に、生徒の気持ちが落ち着いているということが一番大事なことですから。

私は「継続は力なり」という言葉が好きでよく使うんですが、毎日少しずつでも本を読むことで、子どもたちは必ず何か大きなものをつかみ取ってくれるはずだと思っております。

第2章　私を変えた朝読書

——岡山・落合中学校三年五組の記録

この記録は卒業を目前にした二〇〇一年三月、「三年間、朝の読書を続けてきた生徒たちの率直な感想を聞きたい」という図書室の大塚貞江先生の要望を受け、三年五組担任の廣瀬正明先生が担当教科（国語）の残り一〇分間を割いて、クラスの生徒たちに書いてもらった「朝の読書」に対する感想文である。

❏最近、家でも本を読むようになった

朝、本を読む時間があることは、いいことだと思った。家では全然本を読まなかったけど、三年間本を（一〇分間ずつだけど…）読んできて、興味のある本、自分にあっている本などが見つかった。そして、最近家でも読むようになった。

朝読書という時間が中学三年間あってよかったと思う。高校へ行っても、家で読書をする時間を作りたいと思う。本当は高校でも朝読書の時間があったらいいと思う。

（井上　綾乃）

❏一日にたった10分間だけど、自分の見たい本を読めて幸せだった

私は、あまり読書は好きじゃなかったけど三年間朝読書をして、いろんな本が読めた。私にとってのいろんな本とは、他の人（読書好きな人）にとっては、びっくりするほど少ない数だと思うけど、自分の見たい本を一日にたった一〇分間だけだったけど、読めて幸せだった。朝読書がなかったら、私はきっとたくさんの物語を知らなかったと思う。

家では、なかなか本なんか読む時間がないから、朝の一〇分間読書はとっても大切だと思う。高校に入ったら、読書の時間なんかなくなちゃうかも知れないけど、少しずつ少しずついろんな本を読んでいけたらいいです。

（大塚　裕子）

❏三年になってからは、自分が友達に本をすすめる側になった

三年間朝読書を続けてきてよかったと思う。一年のころは、一〇分間という時間がすごく長く感じた。でも二年になってからは、朝読書の時間が楽しみになった。友達に「これ、おもしろいよ」とかすすめられて読んでいたけど、三年になってからは、自分が友達にすすめる側になった。たった三年間で何百冊という本を読んだ。これからも、もっともっとたくさんの本を読んで、「これだ！」という一冊に出会いたい。

（岡本　順子）

❏マンガやテレビにはないものを知ったような気がします

私は、あまり読書が好きではありませんでした。でも中学に入って、朝読書に出会いま

した。いつもなら読まない物語や小説を読むようになりました。それまで読書なんてつまんない、と思っていましたが、今はけっこう読書が好きになりました。マンガやテレビにないものを知ったような気がします。本は自分で主人公などを想像することが出来るし、漢字の読みなどにも役に立つ。いろんな面で、自分が成長していくような気がします。

家ではあまり本を読んだりしません。でも、朝の一〇分でけっこうたくさん読めます。三〇分もあればたいくつするかもしれないけど、一〇分間だからそんなこともなく、適度に楽しめると思います。一日少しずつでも長く続けると、何冊も読めるし、いいと思います。本も捨てたもんじゃないですね。

（井原　直子）

❏ちゃんと本を読む時間は、学校の朝読書の時しかありません

朝の読書を振り返ってみると、たくさんの本を読んだなあと思います。本を読むのに熱中している時は一〇分間という時間がとても短く感じられました。毎日一〇分間でも読んでいくと一冊があっという間に読めてしまいました。毎日続けるということの大切さが学べたような気がします。

私は家ではあまり本を読みません。ちゃんと本を読む時間は学校の朝読書の時しかあり

ませんでした。だから朝読書があってよかったなあと思います。これからも朝読書があってほしいです。

（植月　紀衣）

❏空き時間があればいつでも行きたいくらい図書室が好きだ

…楽しかったとしか言いようがない…。たくさんの本に出会えたと思う。一年の頃とかは、「朝の読書ってなんだろう」と思っていたけど、朝読書を続けてきたおかげで、小説、ノベルス、エッセイが好きになれた。その点では、私にとっての幅が大きく広がったのだと思う。それに何よりも、図書室に毎日通うようになった。

もともと自分は本が好きなので、図書室にはたまに行っていたのだけど、朝読書という一〇分間で「どんな本を読もうかな」と思うようになり、毎日通うようになった。でも今は、本を読むのが好きで、空き時間があればいつでも行きたいくらいに図書室が好きだ。個人カードも五〇枚を超えて、気分的にも充実できた。それも全部朝読書のおかげだと思っている。今まで以上に「本」を好きにならせてくれた「朝読書」に感謝したい。

（押目　直実）

❏中学校の図書室には新しくておもしろい本がたくさんあった！

わたしは、中学校に入るまであまり本が好きではなかった。親に言われてしかたなく本を読んでいるという感じだった。でも中学校に入って朝読書をしていくうちに、だんだん本が好きになっていったと思う。それに中学校の図書室には小学校にはなかった感じの新しくておもしろい本がたくさんあったから、毎日続けられたんだと思う。

今ではすごく本が好きになって、家でもマンガ以外の本を読んだりもするようになった。これは、朝読書を毎日続けたおかげだと思う。

（瀬島　直子）

❏『だから、あなたも生きぬいて』は、私にいっぱいの勇気をくれた

私は、小学校のころから朝読はやっていて、中学に入った時、朝読があってとてもうれしかった。朝読で読んだ本は、数多くある。感動した本、笑える本など、ジャンルでいろいろ思いが違ってよかった。朝読には、感謝したい。ここまで私を読書好きにさせてくれたし、いろいろな本に出会わせてくれた。

特に最後に読んだ『だから、あなたも生きぬいて』は、私にいっぱいの勇気をくれた。そして生きていることの大切さと喜びを教えてくれた。本当に、この学校で朝読に出会えてよかったと思う。心の栄養剤にもなってくれた朝読書、本当にありがとう。

（立石　光）

❏はじめて、小説を最初から最後まで読むことができました

私は、小説とか文章がズラーとならんだ本は読む気がしないぐらい好きではなかったんです。だから、家でもどこでもいっさいそんな本は読んだことがありませんでした。

中学生になって、少しずつ図書室に行くようになり、最初は、恋愛小説をすすめられ「朝読書の一〇分ぐらいなら読んでもいいかな」と思い、はじめて小説というものを手にしました。それからは、だんだん「小説もおもしろいな」という気になり、今は去年のベストセラーになった『だから、あなたも生きぬいて』という本を読み、今までにない感動を感じることができました。そして、はじめて、小説を最初から最後まで読むことができてうれしい気分になりました。たった一〇分間の本を読む時間を与えてもらって本当によかったと思いました。

（築沢　美沙）

❏ティーンズハートなどは、10分間で一冊読み終えるという速読の域に達した

一年の頃、図書室は何だか知らない人がいて、とても入りづらい空間であった。しかし、もともと本好きである私が本の山の中へ入らないわけにはいかない。朝の読書で読む本を見つけに、意を決して入りびたるようになったのがその秋のこと。それから今に至り約三年間、そのたった三年間が私を本の虫へと変化させてしまった。

朝の読書とは、学校で本を読む中で一番静かで、集中できる時間である。それ以外の時間は常にうるさく、読書を中断せざるをえないことも多々あった。私は、その静かな空間の中で、少しでも多く文字を読もうと努力した。ティーンズハートなどの本は一〇分間で一冊読み終えるという速読の域に達するかのような速さで読むことが可能になった。まったくもって、ここまで伸びるとは、当の本人でさえ思っていなかった。

静かだが、とても短い時間の中で、一文でも多く読もうとしただけで、一日一日と力がついていったのだ。この力のおかげで、本好き人間である私は、一日に何冊も本が読めるようになった。まったくもって嬉しいかぎりである。この三年間で、私が何冊読んだのかはまだわからないが、読んだすべての本から私はたくさんの知識と考え、人のあり方を教

えてもらった。

朝読書、一〇分間だけでも、一日一日とつみかさねていけば、それが力になる。チリも積もれば〝大仙《だいせん》〟となるとはこのことである。本は、学校の授業では教えてくれないことをたくさん持っている。そして、それを読み手である私たちにあますことなく与えてくれるのだ。落中では、決して、朝の読書だけはやめないでもらいたいと思う。私が朝の読書で学んだことはたくさんありすぎて書くことができない…。

（中島　麻都佳）

❑人に対してやさしくなれたと思うし、感情が豊かになった気がする

入学した時は、すごくめんどくさかったし、イヤだったけど、何回もやっていくうちに本が好きになっていった。図書室に行く回数も一年の時より三年の方が多くなったし、読む本のジャンルも広がった。ほとんど小説しか読まなかったのに、今ではエッセイとかも読むようになったし、本を買うようになった。本を読まないときよりも、人に対してやさしくなれたと思うし、感情が豊かになった気がする。いろんなことを考えるようになった。

小説とか、本当に嫌いだった私に、本を読む楽しさを教えてくれたのは、この朝読書だ

と思うし、そのおかげで今までとはまたちがった考えとかを持てるようになったから、すごく感謝している。これからも、いろいろなジャンルの本を読んでいきたいと思う。あと、朝読書をもっと広めていってほしいと思う。

（福島　愛）

❏三年間のしめくくりに『ハリー・ポッターと賢者の石』に出会えてよかった！

私は、小学校の頃から読書が大好きで、入学して間もなく「落合中学校にはＨＲの前に朝読書があるので、本を借りるか、持って来るかして読んでください」と担任の先生から言われた時、正直、すごく嬉しかったです。周りが騒がしくても読めますが、やはり静寂の中で読むのが一番心地いいです。

一年生の頃は、図書室にあるティーンズハート文庫の折原みとの本を読んでいました。中でも『あの夏に…』という戦争をテーマにした話が印象的でした。二年生になると、コバルト文庫や『赤毛のアン』、『ハックルベリィ・フィン』など、ジャンルがバラバラになって読みまくりました。印象に残ったのは長野まゆみさんの『少年アリス』です。長野先生の作品は、どれも読んでいる最中は、抽象的で謎だらけですが、読み終えるとすべての謎が解けた感じのする作品ばかりでした。三年では、ごとうしのぶの『タクミくんシリーズ』以外は、だいたいハードカバーの本ばかり読みました。長野まゆみの『天体議会』は、本の世界は無限に広がっていると実感させられました。

今は、『ハリー・ポッターと賢者の石』を読んでいます。面白おかしくて毎日楽しんで読んでいます。三年間のしめくくりにこの本に出会えてよかったと思っています。

たぶん、読書が大嫌いな人もいると思います。でも、一度だけでいい、短い物語でもいいから、本を読んでみてほしいと思います。読めることは幸せなことだと思います。朝読書に出会って、本の中の広い世界をのぞくことができて本当に幸せだったと思っています。

（正木　亜衣）

❏本の中での大冒険、読書の時、私の心はいつも本の中でした

私は、読書が好きです。…というより、好きになりました。もちろん落中の朝読書がきっかけで。一年生の一番最初の朝読書では、何でもいいやと思って買った本がおもしろく、何冊も何冊も続きを読みました。二年に進級すると太い本も読めだして、友達と一緒に本の紹介をしあったりして、ずいぶん読め、カードがずいぶん増えました。三年になると、あまり読まなくなったものの、カード一枚半ぐらいは読めた…かな。

三年間の朝読書を通して私の心に残るものをたくさん見つけられたような気がします。休み時間でも本を読んでみたりと、読書は日常の生活の一部でした。一年生の頃はじめて見た本、夏休み中、苦労して読んだ六百ページほどのぶ厚い本…ほとんど覚えています。主人公と自分を重ねたり、比べてみたり、涙したこともたくさんありました。本の中での大冒険、読書の時、私の心はいつも本の中でした。朝読書をすることは、どんなに大切か、どんなに楽しいかということを知りました。

（松岡　奈緒美）

［注］・カードは一枚使い切ると、19冊借りたことになる。

❏図書室でおもしろい本を見つけてからは、10分じゃ少なすぎると思いました

三年間、朝読書をして良かったと思いました。私は、全然読書をしないので、朝読書の一〇分が貴重でした。はじめのころは、めんどくさいとか、すごく思っていました。けど図書室でおもしろい本を見つけて朝読書の時、読んでいると、一〇分じゃ少なすぎると思ったこともありました。今はけっこう本を読むのが好きです。

この前、『魔女の宅急便』を読みました。その本はけっこう厚い本で、借りたころは「卒業までは読めない」とか思っていたけど、なんとか卒業までに読み終えたのでよかっ

たです。私は、緑のカードが、一枚で卒業します。今思えば少しこうかいしています。せめて、三年間で三枚はいけばいいと思いました。

でもあまり読書が好きじゃない私でもカード一枚いったので良かったと思う。これからも読書を続けようと思いました。落中もこれからもずーっと、朝読書を続けてほしいです。

（宮林　路子）

［注］・カードはブルー、赤、緑と、学年ごとに色が違う。

❏落合中に朝読書の時間がなかったら、読書の楽しみがわからなかったと思う

私は、自分からすすんで本を読むことは、ほとんどありませんでした。読む時といえば朝読書の時間くらいでした。でも、そのたった一〇分間でもたくさんの本を読むことができたと思います。はじめは、簡単で、短い小説ばかりを読んでいたけど、最近は、家にあった少し長めの本なども読むようになりました。

読書なんて、役に立たないし、めんどくさいと思っていたけど、実際は本から学ぶこともありました。いつもひまな時は、ゴロゴロとしていたけど、その時間に読書をすると、無だに過ごした気になりませんでした。もし、落合中学校に朝読書の時間がなかったら、読書の楽しみがわからなかっただろうと思います。

❏字ばかりで苦手の小説も、読みだすとおもしろくてどんどん読みたくなりました

今まで朝読書をしてきたことは、とてもよかったと思う。中学校にはいって朝読書をはじめてから、小説をたくさん買いました。それまで、本を買うのはほとんどマンガばかりでした。図書室でもよく借りたりしました。小説は、字ばかりでおもしろそうだとは思ってなかったけど、朝読書で読みだすと、すごくおもしろくて、どんどん読みたくなりました。本を読むということは、いろいろなことで役に立つと思うので、まだ、朝読書をやってない学校にはぜひ、はじめてほしいと思う。

（森岡　広江）

（森脇　万里子）

❏読み終わると、達成感でいっぱいになって、うれしい気持ちになります

私は、中学生になるまで、あまり本を読んでませんでした。なぜかというと、文ばっかりの本を読むのはめんどくさいからです。まじめに読み出したのは、中二の時で、落合ゆ

かりさんとカトリーヌあやこさんが書いている本が好きでした。文ばかりでなく、絵がところどころに入っていて読みやすかったです。最近では、絵が書いてない本（文だけ）を読みました。めんどくさいけど、読んでいるとその話の中にのめりこんでいったり、読み終わると、達成感でいっぱいになってうれしい気持ちになります。

もし、朝読書がなかったら、私は、この三年間ずっと文ばかりの本なんか読まなかっただろうなと思います。

（薬師寺　美佳）

❏友達が貸してくれた本がきっかけで、読書という素晴らしいものに出会えました

朝読書をするということを落中に入学して聞いたときは、読書はあまり好きでない私にとってとてもいやなことでした。そして、最初はぜんぜん読まなかったり、本を開いても絵ばっかり見ていました。でも、ある時、友達がわたしのところへ来て、「この本、たのしかったよ」と、私に貸してくれました。その時は「えー、やだなぁ」と思っていましたが、せっかく貸してくれたので読むことにしました。

この時、私は読書というすばらしいものに出会いました。その本は、私に大きな何かを

くれました。楽しさ、おもしろさ、感動、疑問、怒り、悲しみ、次に何が起こるかという希望。本には、読者に対してのうったえが必ずあるものです。そして、読者は本から必ず何かを得ます。それがわかってから私は読書が大好きになりました。もちろん、朝読書を毎日楽しみに学校に来るようになったし、家でもひまがあれば、どんどん読むようになりました。読書のすばらしさに出会えたのは、朝読書のおかげです。ありがとうございました。

（山田　奈津記）

❏はじめ、本を借りる時の基準は「ぶあつくない」「字が小さくない」だった…

三年間を通して、いろんな種類の本を読んできました。はじめ、本を借りるときの選び方といえば「絵がおもしろい」「ぶあつくない」「字が小さくない」といった感じのを選んで借りていました。けど朝読書があるんだから、毎朝、少しずつ読めば厚い本でも全部読めるんじゃないかと思い、借りてみました。そしたら意外と楽しく読めて、本が好きになったというか、どんな本でも読み切ることができたので、これはやっぱり「朝読書のおかげ」というものだと思います。これから高校生になり、毎日がいそがしくなるかもしれないけど、本は読んでいきたいと思う。

（若田　真実）

❏中学校で朝読書をするまでは、小説なんて読んだこともなかった

ぼくは、正直に言って、ぜんぜん本を読まなかった。三年間で借りた本と言えば一、二冊ぐらいだと思う。それに、朝読書で読んでいた本も三年間で五回ぐらいしか読む本をかえていない、でも中学校で朝読書をするまでは、小説なんて読んだこともなかった。

今思えば、朝読書がなかったら、今よりもっと本を読んでいないと思う。

（稲岡　慶一）

❏家にも学校にもおもしろそうな本はありませんでした

ぼくは、一年生のときに本を一さつしか読んでいません。二年生のときは一さつも読んでいません。一年生のときは家にあった本を学校で読んだけどあまりおもしろくありません。家にはもうほとんど本がありません。学校の図書室でかりて読めばいいんだけど、おもしろそうな本はありませんでした。

（岩本　健治）

❏読書をしはじめると、一日がとてもこころよく過ごせた気がした

朝読書をするのに最初はだるいなーと思ったこともあったけど、読書をしはじめるとこころよくすごせたきがした。だから朝読書はとても大切だなーと思いました。

（岩崎　瑛二）

❏高校生になってもまだ本を読んでいきたい

この三年間の朝読書について僕はけっこう本が読めたと思う。一〇分間という時間は、集中して読むとあっというまに終わっていた。

読む本がなくてボーとしていたときもあったけど、この三年間の朝読書はよかったと思う。高校生になってもまだ本を読んでいきたい。

（岡田　僚）

❑本に興味を持ち、本を読もうと思う気になった

朝のたった一〇分という短い時間が三年間つづいた。三年も続けば長い時間になるが、この時間で何冊本がよめただろうか？　人によって冊数はちがうが、この冊数がこの一〇分間でどれだけ集中してよめたかということになる。今まで本にあまり興味がなかったが、朝読書によって本に興味を持ち、本を読もうと思う気になった。この一〇分間は中学校生活でよいものだった。

（大倉　圭太）

❑小説も好きになれて、充実した10分間を過ごせた

三年間でいろいろな本と出会えたし、朝読書がもしなかったら一生興味を持たなかったかもしれない、いくつもの本を読むことでいろいろ考えさせられたり感動させられたりして物ごとを深く考えることができるようになったと思うし、小説なども好きになれてとても充実した一〇分間を過ごせたと思います。

（大谷　晴俊）

❑本の楽しさがわかって、「読書サイコー！」

いろんなものの考え方ができるようになった。読書サイコー。最初のころは、「本を読むなんてめんどくせー」と思っていた。けど読んでいると本の楽しさがわかってきた。読むとやめられなくなるものだと思った。いろんなところで活用できそうだ。いろいろなものの考え方があることを教えられた。今まで以上にいろんなものの考え方ができるようになった。読書サイコー。

（片山　陽貴）

❑朝寝坊してもあの10分間で、落ちつくことができる

ぼくは、三年間を通して、あまり朝読書には協力ってゆうか、あまり本を読んでいませんでした。でも、あの一〇分間だけでも、朝ねぼうしていそいで来ても、一〇分あれば、おちつくこともできるから、このまま残せばいいと思う。

（神戸　伸夫）

❏本を読むことの大切さを学んだ

僕は朝読書がなかったらあまり本を読まなかったと思う。朝読書で本を読むことの大切さを学んだ。

（小林　督治）

❏「めんどくさい」と思っていた時間が「楽しく集中できる時間」に

朝読書は、一、二年のときはとてもめんどくさかったです。しかし三年で、大塚先生が紹介してくれた本がきっかけで、本がけっこう好きになりました。一、二年でめんどくさいと思っていた時間が、めんどくさい時間ではなく、楽しい集中できる時間になりました。三年生からでないと、ちゃんと朝読書はやってないけど、とても楽しかったです。

（庄司　幸弘）

❏朝読書のおかげで本を一冊読みきることができた

僕はいままで本を一冊も読みきったことがなかった。でもこの朝読書のおかげで、本を読みきることができた。でも本を読むのはやっぱりめんでー。本を読むと知らないうちに、本の世界に入りこんでいる。それがいい。

（杉本　雅幸）

❏「なんで朝読書をせんといけんのんならぁ～」と思っていたのに

ぼくはいままで、「なんで朝読書をせんといけんのんならぁ～」って思っていました。だけど最近になって朝読書の大切さがわかってきました。だから、今はいつも自分で探して選んだ本を読んでいます。そして、今では、前よりも本が好きになりました。だからこれからも、このきちょうな一〇分間を大切にしていきたいです。

（住田　和亮）

❏読書がだんだん好きになって、図書委員をやったりしました

最初ぼくは読書がきらいだったから、朝読書はめんどくさいと思っていました。三年間やってみると、読書がだんだん好きになってきました。だから、ぼくは図書委員をやったりしました。

朝読書の一〇分間も貴重なものだと思いました。毎日読んでいるとたった一〇分間だけど、三年間やるとけっこう読んでいるのでびっくりします。これからも朝読書を続けていきたいと思います。

（妹尾　真太郎）

❏いったん読み出したら、続きが読みたくなるから不思議

最初、本を読むのは、僕は嫌だった。読みたい人だけ読めばいいと思っていた。それでも、先生が言うから嫌々ながら読んでいた。でもいったん読み始めたら、次はどうなるんだろうと思い、続きが読みたくなるから不思議だった。やっぱり、たった一〇分でも朝読書は大事だと思う。この三年間で、僕は本が好きになった。これからは、家でも本を読んでいきたいと思う。

（谷本　旭）

❏松坂大輔の本を読んで、僕はがんばろうと思った

僕は二年のころ松坂大輔の本を読んでいた。松坂の本を読んで、僕はがんばろうと思った。がんばろうと思ったのは松坂の野球が好きなことと、ケガをしてもがまんして練習に

でていたことで、自分もがんばろうと思った。

（宮本　佳明）

❏一時間目の授業のとき、頭がすっきりしたような気分になれる

ぼくはこの三年間の朝読書を振り返ると、三年になってからは本を読まないことが増えてきたけど、一、二年の時は毎日読んでいた。一番最初に朝読書を始めたときは変なことをするんだなあと思っていたけど、僕は読書が嫌いではないし、一時間目の授業のときに頭がすっきりしたような気分になれるので、朝読書を続けることはいいと思った。朝読書をしている学校があまりないことを知ってどんどん広がっていけばいいと思う。

（森田　文恭）

❏もっといろいろな本を読みたい

とてもたくさんの本が読めてよかった。基本的に読書は好きなので楽しい時間だった。教室にある本を読むことが多かった。もっといろいろな本を読みたい。高校に行ってもできるだけ読書の時間はとろうと思う。

（森元　隆行）

❏読んでいくごとに、登場人物の顔、その場面の風景を想像するようになりました

家で読書をする時間を僕はほとんど取っていなかったような気がした。読むのはほとんどマンガで、小説を読んでもすぐにあきてしまい、朝読書がなかったら、たぶんほとんど小説を読むことはなかったと思う。朝一〇分の朝読書があると聞き、小説というものをほとんどしらなかった僕は、いやいやながら図書室でかりた一つの小説を読んでみました。一枚めくるとそこには多くの字がならんでいました。どうせ一〇分と思い、少しずつ読んでいきました。

最初はやっぱり字ばっかりで目がつかれるな〜と思っていました。しかし一ページまた一ページと読んでいくごとに小説の文字で書かれた顔の出てない人、その場面の風景、それがどんなものだろうと思い、想像するようになりました。すると、今まで文字にしか見えなかったのが場面が想像できるようになり、しだいに楽しくなっていきました。

今書いたのは、朝読書でまなんだほんの一部ですが、僕は朝読書でたくさんのことがまなべたと思います。

（森本　洋勧）

貸出し数も群を抜いていた三年五組

下のグラフは2000年２学期（９月１日〜12月11日）のクラス別貸し出し冊数。素晴らしい朝読書の感想文を書いた３年５組は図書室からの本の借り方もダントツだった。（「図書館通信」2000年12月14日号）

本の持つちからを実感したとき

――「オオカミ王・ロボ」の読み聞かせに、荒れた教室はシ～ン

❖三年五組担任　廣瀬　正明

新採の年のことだ。私は小学校へ採用となり、純真な子どもたちとともに手をとりあって豊かなクラスをつくっていこうと、希望に胸ふくらませ、赴任した。ところが、現実はあまりに厳しく、力量不足の私の前で子どもたちは荒れていき、クラスの中にはさまざまな問題が日々起きて、私はまったく自信を失い、途方にくれていた。

その時、先輩の先生から「読み聞かせをしてみては」というアドバイスをいただいた。わらにもすがりたい気持ちの時であったので、さっそく翌日から行おうと決意した。『シートン動物記』のオオカミ王・ロボの話であったと思う。はたして子どもたちが落ち着いて席に着いてくれるだろうかと不安に思いながら読み始めた。

すると、それまで朝学活といえば、「こらー、席にちゃんと着いて、話をやめろ!!」から始まっていたにもかかわらず、その日はみなが何かにス～ッと吸い込まれるように静か

になり、日頃やんちゃで、私の言うことなどに見向きもしなかった子までが、私の方をジ～ッと見つめながら話を聞いているのである。

毎日一〇分ほど度読み続けてやると、子どもたちは朝学活をとても楽しみに待つようになった。「次はどうなるん？　先生、早う、早う」とせかされるようにもなった。私はこの読み聞かせを通じて、本の持つ力に心から感動し、子どもたちは必ず価値あるものには心を開くものなのだと確信した。

その後、先輩の先生とともに文学作品の研究授業にも取り組み、子どもたちの内面が確実に成長していくさまが実感でき、最初、子どもたちに失望していた自分が恥ずかしくなったものだ。

＊

現在、中学校の国語教師として、今春、落合中学校に赴任してきたのだが、本校では朝学活の前一〇分間を「朝読書の時間」とちゃんと位置づけており、全校でそれに取り組んでいるのである。私はなんとすばらしい実践をしているのかと感心した。何かと忙しくなってきた子どもたちに、「一〇分間」を確保してやることの大切さ——これを全職員が共通理解していることに価値があると思う。

さて、朝読書のようすだが、私のクラス一年一組では、八時二五分のチャイムとともにドド～ッと席に着く。そして、ス～ッと読書に入るのである。この「ドド～ッ」「ス～ッ」がすべてを物語っているように思う。

この時間に特に変わった取り組みはどのクラスでもあまりやっていない。ただ「一〇分間」を確保しているだけで、生徒たちは自分の目当てを自分で探し求めていくものなのだなと改めて気づいた。一人ひとりが思い思いの本を読み、自分の頭の中に想像の世界を広げることのよろこびを感じているのだ。

しかし、一番よろこびを感じているのは私自身かもしれない。本を読む時間がなかなか取れなくなった私にとって、実にありがたい貴重な時間であり、生徒と同じ時を過ごしているという、心のつながりを感じる時でもあるのだ。

（一九九八年一〇月記）

第3章　中学生の読書案内
私が感動した本

▲いつも生徒でいっぱいの図書室

朝読書が始まる前、年間の貸し出しが二千冊だった落合中学校の図書室は、今現在は約八千冊、ピーク時の一九九八年度は一万冊を越えました。そんな中で、中学生たちはどんな本を読んでいるのでしょう。この章では、「私が感動した本」を中学生自身に紹介していただきます。原稿を書いてくれたのは、司書の大塚貞江先生の呼びかけに応えて（図書室にポスターを貼り出して呼びかけ）、頑張ってくれた十七人の落合中・中学生たちです。

『ちいさなちいさな王様』を読んで

✤落合中学校二年　杭原　まどか

私はこの本を読みながら深い本だなあと思いました。

最初は絵がきれいだなあと思って、なにげなく学校の図書室から借りたのですが、家に帰って読んでみると、本当に小さな、王様のせりふや行動におかしさを感じたりしながら、とにかく夢中になって読めました。

王様といっしょに暮らす「ぼく」の視点でこの物語は描かれます。そして、この「ぼく」から見ても、王様はフシギな人なのではないでしょうか。

例えば、王様の一族は生まれた時は大きく、成長するごとに小さくなっていきます。しかし、「ぼく」、つまり普通の人間は生まれた時は小さく、年月とともに大きくなります。そしてある程度、年をとると徐々に小さくなります。「ぼく」が王様にいうと「それはおかしい」と言います。あげくには「自分たちが大きくなっているわけではなく、周りの物が小さくなっている」とまで言います。この言い分は絶対ありえないことですが、なぜか

「ああ、そうか、そうかもしれない」と私は考えてしまうのです。
「ぼく」も私と同じような見方をしているように思えます。私の家にも小さな王様がいて、こんな話を聞かせてくれればいいなあと私は考えました。でも王様はわがままです。「ぼく」は会社員なのですが、休日だというのに王様は「ぼく」をひまつぶしのために会社に行かせたりするのです。それを考えると王様がいるというのも少しやっかいだなあと考えを改めてしまいます。(笑)
この本は厚くもないし、内容もそんなに複雑なのもではないです。でも、独特の世界にひきこまれます。そして、少しものの見方がかわります。ぜひ他の人に読んでほしいです。

(『ちいさなちいさな王様』=アクセル・ハッケ作　ミヒャエル・ゾーヴァ画　那須田淳・木本栄訳/講談社)

『カラフル』を読んで

✤落合中学校二年　山﨑　彩加

私が、この『カラフル』を読もうと思ったきっかけは、私なりにできるだけ厚い本を読みたかったからです。

この本はとても不思議な話で、一度自殺して死んでしまった男の魂が暗いところへ流されていると、いきなり天使が行く手をさえぎって、その男の魂にだけ再挑戦のチャンスを与える、それも天使の中のボスがときどき抽選で相手を選ぶというものだったのです。

でも、選ばれたその男の人は「せっかくだけど、辞退します」といいます。その理由は、もう二度とあんな下界にはもどりたくないという思いだけが残っていたのです。それに、その男は過去の記憶をすべて失っている人だったのです。でも、結局下界に行き、小林真という人の体に入りこんで、自分の記憶を思い出していく話です。

最後は、全部思い出して自分が、小林真であることを知ります。でもそれまでの道のりはたいへんで、家庭では、母親の不倫、父親の働いている会社が悪徳商法の容疑で、社長と数人の重役が検挙されて、父親は酔って帰ってきたり、学校では、いじめ・友達のこと、高校受験などで苦しんでいました。

私もあと一年少しで、高校受験があるので、なんとなくだけど、自分のことのようで、気になってしまいます。

私は、この『カラフル』という本に出会えて、本当によかったと思います。少しだけだけど、本が好きになったような気がします。

あと、森絵都さんの本がもっと読みたいと思いました。朝読書があったおかげで、いろいろな本を読むことができました。だから、これからも読書をしていこうと思います。

（『カラフル』＝森　絵都作／理論社）

『穴』を読んで

✤落合中学校三年　岸　大輔

僕の中で、今一番印象に残っているのは、『穴』という本です。

この話の発端は、たった一足のスニーカーです。主人公のスタンリーという少年が学校の帰り道に降ってきたスニーカーを拾ったことで、泥棒の濡れ衣を着せられることになります。そして、グリーンレイクシティ・キャンプという少年院に送られます。そこは、グリーンレイクという所なのに、湖は干上がっているところでした。そこのキャンプで、穴を掘ることになるという話です。

この本の中で、一番好きな場面はスタンリーとキャンプでできた友達のゼロが一緒にキャンプから逃げ出すところです。なぜなら、今まで何となく内気な印象だったスタンリーが、キャンプの給水車に乗って逃げるなんて思えなかったからです。

スタンリーはすごいなと思いました。僕だったら、水もないし、逃げたさきに何があるかもわからないところに飛び込もうなんて思いもしないと思うからです。

スタンリーたちは、その後、またキャンプに帰りました。そこで、大どんでん返しがあります。スタンリーたちに冷たく当たっていたキャンプの所長やカウンセラーたちが一転して、窮地に追いやられ、スタンリーたちは、大金を手に入れてキャンプから出る、というところがあります。そこも印象に残っています。

今までスタンリーたちは、所長たちにしいたげられていたけど、最後には大金を手にし、キャンプから出られました。それは、スタンリーがずっと出られると信じていたからだと思います。僕だったらキャンプから逃げ出した時と同じで、途中であきらめてしまって、「もういいや」と思っています。

今まであまり本を読もうとしていなかったけれど、この『穴』という本を読んでから、「本って、すごく面白いな」と思うようになりました。これからも、少しずつでも本を読んでいきたいと思います。

（『穴』＝ルイス・サッカー作・幸田敦子訳／講談社）

『こどものおもちゃ』を読んで

✤落合中学校二年　小林　歩未

私がこの本を読むきっかけは、何年か前にテレビで見ていたから、なつかしいなーと思い、図書室で借りてみました。紗南ちゃんはいいなと思ったのは、人の前では元気なことです。私だったら、顔にでてしまいます。でも紗南ちゃんのお母さんは、本当のお母さんではありません。その巻を読んだ時は、「紗南ちゃん、かわいそう」と思いました。でもすぐに紗南ちゃんは元気になりました。

ちょうどこの本を読んでいたころ私は悩んでいました。「こどものおもちゃ」を読んだら少し元気になりました。また紗南ちゃんは、友達とけんかをしてもすぐ仲直りできるからいいなあと思います。なんかはじめてテレビで見た時の印象は、「おもしろくて、明るい」という印象だったのですが、一巻から読んでみたら、元気がない時とか、泣いている時など（自分の部屋で）ありました。そうしたら、また紗南ちゃんの印象が違ってきました。

私は、この小説を読んで、小説が好きになりました。これからも、もっともっとたくさんの小説を読んでいきたいです。

（『こどものおもちゃ』＝高橋良輔著　小花美穂原作／集英社）

『だから、あなたも生きぬいて』を読んで

✤落合中学校三年　中尾　美音

この本は、著者の大平光代さんの体験をもとに書かれた作品です。想像をはるかにこえたいじめ、死に対する思い、絶望…。

この本を読んでいると苦しみがいたいほどにつたわり、涙をこらえることができませんでした。自分の悩みが小さなことにさえ思えてきました。そんな絶望から立ち直るきっかけとなったのは、おじさんでした。

絶望から這い上がるため、毎日毎日一生懸命勉強する大平さんの姿を読んで、改めて、「やれば必ずできる」ということを学んだ気がします。

小学生のころ、自殺をはかり、死を選んだこともある大平さん。『だから、あなたも生

きぬいて』は、どんなに苦しくても、きっと光はみえてくる、だから、死だけは選ばずに生きぬいてほしい――そんな願いもこめられているように思いました。

この本の他にも、私の心に残っているものはたくさんあります。

朝読書は、短いようで大きな時間です。これからも、朝読書などの時間を利用し、心に残る本を一冊でも多くのこすように、たくさんの本を読みたいと思います。

(『だから、あなたも生きぬいて』＝大平光代著／講談社)

『だから、あなたも生きぬいて』を読んで

✤落合中学校二年　金原　空見子

私は、この本を読もうと思った理由は、いろんな人がいい本と言っていたのもあるし、どんなことをされてきたのか、気になったからです。

この本を読んだ時、大平さんは、ちゃんと自分のされてきたことを親に話したから、すごい勇気があると思いました。でも、先生が悪い人に私は感じました。大平さんは途中、非行に走ってしまって、親を傷つけたりしていたけど、私は、大平さんが非行に走った気

持ちが何となく、わかりました。

大平さんが自殺をしようとした時、本当は誰かに助けてほしかったんじゃないのかなと思いました。最後は、ちゃんと見つけられて、助かってよかったと思いました。でもまた大平さんは悪い道に行ってしまって、一六歳で極道の妻になって、刺青を入れて、それも違う意味ですごいことだと思いました。

それから、大平さんは、前と違う生活を送って、次々と合格してすごい人だと思いました。それに大平さんを変えた大平氏もすごい人だと思いました。

現在、大平さんは弁護士として、非行に走った少年少女を見ていて、自分と同じような人たちを見て、話を聞いたりして、ちゃんとその人たちの気持ちをわかってあげているんだなと思いました。

私が、この本を読んだ時に一番印象に残ったところは、「この本を読んでくれた人へ」というところの最後で、大平さんが「あきらめたら、あかん！」と言ったところです。

私は、この本を何回読んでもいい本だと思ったし、この本を読んで、イジメられている人の気持ちがすごくよくわかりました。大平さんは、今ちゃんと立ち直っているからすごいと思います。


（『だから、あなたも生きぬいて』＝大平光代著／講談社）

『魔女がいっぱい』のすすめ

✤落合中学校二年　石井　孝秀

この本は、ぼくが小学生のころに読んだ本で、おもしろくておもしろくてしかたありませんでした。この本の工夫は、魔女が普通の女性の姿をしているとか、魔女の事件の話とか、言葉くずしとかです。中でもすばらしいのは、大魔女とネズミニナールの発想です。

この本の作者であるロアルド・ダールは、ぼくの一番好きな作家です。他にも本をたくさん書いていますが、そのすべてが本当におもしろいのです。大長編はかなりの読みごたえがあります。

ぼくは、この本とロアルド・ダールという作家を知ってから、世の中にはなんてすばらしい本や作家が存在するんだろうと感動しました。しかも、ぼくはこの本を読み、作家になりたいとまで思ったほどです。残念ながら、ぼくがこの本に出会ったとき、すでに彼は故人でした。それを知ったとき、ぼくは「どんなにすばらしい作家でも、時代とともに去っていってしまうんだなあ」と感じました。

でも、この本と彼のおかげで、ぼくは本の世界にはまりこむことができ、数多くのおもしろい本を読み、すばらしい作家を見つけることができました。彼と、この本に感謝をささげます。そして、みなさんにこの本をすすめます。『魔女がいっぱい』を。

（『魔女がいっぱい』＝ロアルド・ダール作　清水達也・鶴見敏訳／評論社）

『天使なんかじゃない』を読んで

✤落合中学校二年　森本　純子

私が、今まで読んできた本の中に、『天使なんかじゃない』という本があります。この本には、翠という一人の女の子や、晃、太、マミリン、瀧川マンなど、たくさんの登場人物がでてきます。中でも一番印象に残っているのは、第八巻最終章・卒業式の場面です。この場面で私が感動したことは、翠の読んだ答辞の文です。原稿用紙には、何も書かれてなくて、その時の気持ちを言葉にしたいという、翠の言葉にすごく感動しました。

私は、この本を読んで、とても聖学園が好きになりました。私は、あまり本を読まない方で、この本も最後まで読めるかなあと思っていました。だけど、この本で、翠は今まで知らなかった自分を見つけることを教えてくれたような気がします。

本をたくさん読む人も、あまり読まない人も、ぜひ『天使なんかじゃない』を読んでみてください。

（『天使なんかじゃない』＝下川香苗著　矢沢あい原作／集英社）

『ハリー・ポッターと賢者の石』を読んで

✣落合中学校二年　今石　大地

ハリー・ポッターは、ホグワーツ魔法魔術学校に通う少年です。人間界にいるときはハリーの伯母のダーズリー一家、その中でも特にダドリーといういとこにいじめられていました。ですが、一一歳のある日、ついにホグワーツ魔法魔術学校から入学許可書が届きます。そして、ハリーは自分が魔法使いだということを知り、それからはダーズリー一家と別れて、ホグワーツ魔法魔術学校での生活が始まります。

ホグワーツ魔法魔術学校では、新しい友達もでき、クディッチという魔法界ナンバー1のスポーツの選手にもなったのです。ぼくもこんな学校にいってみたいなと本を読むたびに思います。ハリーは頭のほうはまあまあだけど、だれにも優しくて好奇心旺盛で、いらないことに首をつっこんでやっかいなことになるなど、ドジをふむことも多々あります。

それにとても勇敢な少年です。だれも入らない危険な森に一人で入って行ったり、学校の規則をやぶってまで友達を助けに行ったり、ほんとうにヒヤヒヤしながら読む場面もよくあります。

でもぼくはこんなハリーが大好きです。これからもハリー・ポッターをぜったい読んでいきたいと思います。


（『ハリー・ポッターと賢者の石』＝Ｊ・Ｋローリング著　松岡佑子訳／静山社）

『モモ』を読んで

✤落合中学校二年　岡本　道代

『モモ』を読んで一番感じたことは、現代とつながるものがあるなということです。昔は、誰にも笑顔が絶えなかったのに、今は、ふりむきもせず一心に働いています。そんな人たちに、モモが一軒一軒まわって説得した姿にすごいと思いました。

それでも昔の姿をとり戻せない人もいます。そんな友達をみているモモの悔しさが伝わってきました。そんな友達のためにモモは時間どろぼうにたちむかっていく。そこにはとても大きな不安と責任感があったのに、それをうちくだくほど友達を救いたいと思っているモモがとてもすごいと思った。

しかし、モモの友達も、モモのことを思って一心に働いている姿はとても胸うたれるものがあった。友達がまわりに誰もいなくなる孤独感はすごいものだったと思う。唯一いた亀のカシオペイアまでいなくなってしまった。だからこそ、このままではだめだと思ったのだろう。友を救いたいと思う、まっすぐな気持ちはそうそうもてるものではない。不安に打ち勝つほどの大きな心をもったモモが本当にすごいと思った。

私だったらそんな大きな心をもつ自信はないと思います。くどいようですが、そんな決心ができるモモは本当にすばらしい人です。そしてまわりの友達も。

私はこの本に出会えて本当によかったと思いました。私にとって一番心に残った本です。ぜひめんどうだと言わずに、この本を読んでみてください。きっと現代の見方が変わると思います。

(『モモ』＝ミヒャエル・エンデ作　大島かおり訳／岩波書店)

『モーツァルトの伝言』を読んで

✤落合中学校二年　徳山　珠美

最近、「自分らしく」ということについて、頻繁に考えるようになった。気がつけばいつも友達、先生、親の目を意識している自分がいた。自分のイメージ、印象、人格というのが、人から見たらどんなものなのかと深く考えてしまう。そんな自分がたまらなく嫌だ。この『モーツァルトの伝言』は、自分や友達について改めて考えさせられる一冊だった。話に出てくる主な人物は、江口佑介と岡本秀一という中学三年生の男の子だ。岡本秀一はちょっとしたことから、モーツァルトと呼ばれるようになった。二人は次第に相手の背中を見ているうちに、本当の自分の姿というのを見つけることができた。

肩ひじはったプライドのかたまりのようなモーツァルトの背中を見た佑介は、自分こそがプライドにしがみつき、ひたすら自分を防御しようとしていたのだと、はじめてその時、気づく。自分自身も知らなかった自分の本当の姿を、友達によって知ることができるなんて、私は思いもしなかった。

でも、よく考えてみると、友達によって自分が変われるのと同じで、もしかしたら、自分の本当の姿というのもわかるのかなと納得した。心を許せるからこそ、相手の前では真の自分がだせるのではないだろうか。相手を信頼しているからこそ、正直な気持ちの自分でいられるのではないだろうか。どんなに周りから「自分の像」を勝手にイメージだけで作られていても、一人でも自分の本当の姿をわかってくれている人がいたら、それでいいと思った。佑介とモーツァルトのように。

私は、この本を読んで本当によかったと思う。改めて自分を見つめ直すことができたし、友達の本当の意味も少しわかったような気がした。心の片隅に自分の正直の気持ちを置いとくのではなく、本当に信じられる友達なら、その気持ちを話せるのではないだろうか。私は、これから先、いろいろな友達と出会うだろう。その一人一人の友達を信じようと思う。たとえ裏切られることがあっても、ありのままの自分でいたい。いつも自分に正直な気持ちでいようと思う。

最後に、私にいろいろなことを教えてくれた佑介とモーツァルトにいいたい。

「ありがとう!」と。

(『モーツァルトの伝言』＝加藤純子作　永田治子画／ポプラ社)

『きれいな色とことば』を読んで

✤落合中学校三年　市場　祐美子

私は、去年の夏に買った『きれいな色とことば』という本を何度も読み返しています。私の中では、この本が一番印象に残っているからだろうと思います。

私は、この本は人をいやしてくれるような本だと思います。この本にひかれたのは、まずタイトルもありますが、表紙の絵です。何かを書いているわけでもなく、写真をはっているでもなく、ただいろいろな色を白の上におとしているという素朴な感じの表紙でした。ページをめくると、詩や文章が書いてあります。たまに挿し絵などがあるのですが、不思議なことに気分が落ち着くのです。他に、いろいろな色で染めているものもあります。

次に詩についていうと、同じ言葉をくり返しつかっていたり、語りかけたりするような詩でとても心があたたかくなるような感じです。文では、おーなり由子さんの日常などが書いてあるのですが、周りへの感じ方が独特で、とてもすてきに思えてきます。

この本を読むと、誰もが心をいやされて、あったかくなって、不思議な気持ちになるのではないだろうかとおもいます。

（『きれいな色とことば』＝おーなり由子著／大和書房）

『父のぬくもり』を読んで

✤落合中学校三年　大槇　淳史

これは、故小渕元首相の長女、小渕暁子さんが書いたもので、小渕元総理が倒れて、ずっと目を覚ましてくれなかった（意識不明だった）ときのこと、亡くなったときのこと、元気だった頃のことが、一話一、二ページほどで、五十話ほどつづられている。

「あなた、三十三回目の結婚記念日よ、きっと起きてくれますよね」「眼鏡がないと、パパが天国で困るでしょう」「総理、起きてください、もう一度、話を聞かせてください」など、泣けるところが多くあります。

元総理が元気だった頃、よい人柄だったことも書かれていて、ますます泣けてきます。

（『父のぬくもり』＝小渕暁子著／扶桑社）

『未来写真』を読んで

✤落合中学校三年　木元　愛

「俺たちは、未来を撮る」――本の帯に書いてあった宣伝文だ。これを見て、亘が旅立つのが、今回の話なんだと思った。

この本は、本沢みなみ先生の「東京ANGELシリーズ」の十四作目になる。主人公は尚也という高校生で、相棒の聖といっしょに【組織】の依頼で暗殺の仕事をしている物語である。亘が登場するのは、シリーズ五作目からで、不良少年にしか見えないけど、本当はいじめられている子を助けたりする。つっぱってはいるけど、優しいところもある魅力ある人物だ。

かつて、亘は恋人である園子の死によって、ずっと過去にとらわれ続けていた。しかし、柘植《つげ》康一と出会ったことにより、運命の輪は良い方向へとゆっくりまわり始めることになる。

柘植は、ただの無職オヤジにしか見えないくらいヒゲズラで、ヨレヨレのポロシャツを着ているが、実はとても有名な写真家だ。挫折を知り、困難に立ち向かい、そして成功をつかみ、大人になったのか、どっしりと構え、何事にも動じない。

「本当に俺の息子になるか?」と言われ、「なりてえ」と言えたのは、彼のこんなところにひかれたからだと思う。

「俺は過去の記録を撮ってるんじゃない。未来に向けてシャッターをきるんだ」――柘植が亘に言った言葉だ。いい言葉だと思う。

亘は彼に出会ったことで、過去にとらわれていた自分から抜け出し、未来へ進みはじめた。私も柘植のように人の心に響く言葉を言える大人になりたい。

(『未来写真』=本沢みなみ著/集英社)

『エンデュアランス号大漂流』を読んで

✤落合中学校三年　中尾　美音

私はこの本からから、ゼロの可能性にかけ、光や希望を失わないシャクルトンと船員たちに感動しました。南極大陸への夢をいだき、挑んでいったアーネスト・シャクルトンから、立ち向かう勇気と挑戦することのすばらしさを感じとることができました。常に生死に不安や絶望を抱いていたはずなのに、船長シャクルトンは船員を信じ、船員もまたシャクルトンを信じ、とても深い絆で結ばれていたことを知りました。

シャクルトンは、この航海に自分のすべてをそそぎました。途中、食料がなくなってしまっても、氷に囲まれ、身動きがとれなくなっても、ついに船が沈んでしまっても、仲間を信じ、決して生きることをあきらめませんでした。

私は、絶望的ななかでも希望を失わないこと、きっとそれが、この旅で全員無事に生還することへと導いたのだと思います。このことは、私の日々、日常の中でもいえることがいくつかあります。例えば、部活動や勉強がそうです。少しおおげさかもしれませんが、希望を失わなければ、また努力すればするだけ結果もきっとついてくると思うのです。

私は、今年受験生です。そして夏も終わり、一刻一刻と入試へと近づいています。この本を読んで、私はとても励まされ、そして大きな勇気となりました。しかし、この航海は第一次世界大戦のまっただ中だったため、無事全員生還してきた船員の多くが戦争に参加し、命を落としました。私は、このことがとても残念なりません。勇敢に旅から帰ってきた船員が戦争で亡くなってしまう、こんな悲しいできごとが二度と繰り返されてはなりません。

私は、この本からたくさんのことを学びました。希望を失わないこと、仲間を信じること、そして命の大切さです。私も、シャクルトンの心ひろく勇敢なところに尊敬するとともに、日本に限らず、世界中から戦争がなくなり、平和な世の中になることを願うばかりです。

(『エンデュアランス号大漂流』＝エリザベス・コーディー・キメル著・千葉茂樹訳／あすなろ書房)

『〝It《それ》〟と呼ばれた子』を読んで

✤落合中学校三年　岡本　麻美

私はこの本を読み終わった時、とてもショックでした。まさか自分の子どもに、それもまだ小学校に入っていない時から、親がこれほどひどいことをしていたとは、思ってもみなかったからです。

はじめのころは、いたずらがばれて子ども部屋のすみに押し込まれるくらいでした。それから後は、兄弟たちもディビットを無視するようになりました。一、二カ月たったころから母親は、たたく、なぐる、蹴とばす、その教え込んだ言いわけをさせました。ひどい時にはアンモニアを飲ませたり、コンロで腕を焼くなど、信じられない虐待の数々を行ないました。

年が変ると「ディビット」から「あの子」になり、さらに日がたつと「それ」となっていきました。そんなことが行なわれているにもかかわらず、家族は自分自身の身を守るために見て見ぬふりをしていました。

その後、学校からの通報で一九七三年三月五日、やっと母親から開放されて、自由の身になりました。小さい時にそこまでひどい虐待を受けながらも、生きぬくことができた主人公の強さを、すごいと思いました。

（『〝ｌｔ〟と呼ばれた子』＝デイヴ・ペルザー著・田栗美菜子訳／青山出版社）

『キツネ山の夏休み』『ＫＡＮＯＮ』ほか二冊

✤落合中学校三年　瀬島　光一郎

僕には、印象に残っている本が四冊ある。それぞれ違うけど、なんていったらいいのかわからないが、思い出に残っている本だ。

まず、ぼくが本を好きになったきっかけの本『キツネ山の夏休み』は、普通の少年が夏休みにおばあちゃんの家に行って、ふしぎな夏休みを過ごすというものだけど、これは、もしかしたら自分もふしぎの町に迷い込んでしまうんではないかとワクワクした。

その次にくるのが『KANON』という本だ。ゲームの話が本になったらしいが、よくわからない。けど、話に感動して読み終えた時には、せつなさに炸裂状態だった。作り話だとわかっていても、主人公と一緒に泣いたり笑ったりした。

この二冊は、主人公の少年とワクワクしたり、悲しんだりして、一カ月以上かけてじっくり読んだ。しかし、こういうものは最近、読まなくなってきた。なんでかなぁって思うと、やっぱりこういうのは、自分がしずんでるときに読んで、自分に「現実にもどって、しっかりしろ」みたいなことを言ってくれるもんだから、そういった意味だとしたら、最近読まないのもわかる気がする――と、自分で分析したりする。

今は、自分に興味のある本を読んでいる。僕の好きな笑い芸人の「爆笑問題」が出している本なんかは「ちょっと、つかれたなあ」と言いたくなる時に読むと体力が回復する。ほかに体力を回復してくれる本が「空想科学読本」のシリーズ。これは、アニメなんか空想世界で起きていることに、科学のメスを入れてみた本。ドラえもんなんかとんでもないし、怪獣は弱いし、ヒーローは卑怯もの…アニメの好きな僕にとっても興味のある本だった。

なんか、こうやって古い順からみると、読んだ本のおもしろさが変わってきている気がする。その時その時の自分の状態で、読みたい本が違うなとわかった、新しい発見だ。

僕は、これからもいろいろな本を読むだろう。その時の気持ちによってまた違う本を手にしたりと、そんなふうに考えると不思議な感じする。

（『キツネ山の夏休み』＝富安陽子著／あかね書房。『空想科学読本』シリーズ＝宝島社）

■中学１年生・女子

①五体不満足（乙武洋匡）
②ハッピーバースデー（青木和雄）
③だから、あなたも生きぬいて（大平光代）
④赤毛のアンシリーズ（M. L. モンゴメリー）
⑤魔女の宅急便（角野栄子）

■中学２年生・女子

①だから、あなたも生きぬいて（大平光代）
②五体不満足（乙武洋匡）
③シャーロック・ホームズシリーズ（C. ドイル）
④ハッピーバースデー（青木和雄）
⑤封神演義（安野　務）

■中学３年生・女子

①だから、あなたも生きぬいて（大平光代）
②ハッピーバースデー（青木和雄）
③五体不満足（乙武洋匡）
④十七歳（井上路望）
⑤江戸川乱歩シリーズ

（注）著者を特定できないものは著者名を省略した。

一カ月間に読んだ本ベスト５（中学生）

『2001年版　読書世論調査』（毎日新聞社）より

・調査期間2000年６月第一週または第二週。

・サンプル数3683（中１＝1219人、中２＝1243人、中３＝1221人）

■中学１年生・男子

①五体不満足（乙武洋匡）
②シャーロック・ホームズシリーズ（C.ドイル）
②だから、あなたも生きぬいて（大平光代）
④エジソン
⑤日本の歴史、ファーブル

■中学２年生・男子

①怪盗ルパンシリーズ（M.ルブラン）
②空想科学読本（柳田理科雄）
③ラグナロク（安井健太郎）
③ロードス島戦記（水野　良）
⑤学校の怪談（常光　徹）
⑤極道くん漫遊記（中村うさぎ）
⑤五体不満足（乙武洋匡）
⑤シャーロック・ホームズシリーズ（C.ドイル）
⑤少年H（妹尾河童）
⑤それいけズッコケ三人組（那須正幹）
⑤だから、あなたも生きぬいて（大平光代）

■中学３年生・男子

①だから、あなたも生きぬいて（大平光代）
②江戸川乱歩シリーズ
③五体不満足（乙武洋匡）
④空想科学読本（柳田理科雄）
⑤機動戦士ガンダム0083（山田　宏）

第4章　卒業生からの手紙

「朝の読書」とその後の私

▲全校一斉の給食風景

三年間、朝の読書を続けた中学生たちが卒業後、どうなっていくのかはとても気になるところです。今回、この本の出版にあたって、廣瀬正明先生（旧三年五組担任）と大塚貞江先生（司書）は連名で、旧三年五組の卒業生（注・第二章に「朝の読書」の感想を書いてくれているクラス）にあてて、次のような点を中心に声を聞かせて欲しいという手紙を送りました。

①中学時代の朝の読書にどんな思い出がありますか？

②高校ではどのような生活をしていますか？　読書の時間はありますか？

③中学時代の「朝読書」があなたに影響した面があるとすれば、どんな点ですか？

以上の依頼に応えて届けられた一七人の卒業生（全員高校一年生）の手紙を、以下にご紹介します。

幸せだったあの朝の一〇分間、今は思い切り本を読みたい！

お久しぶりです。このむし暑い時期、いかがお過ごしでしょうか。突然のお手紙でびっくりしましたが、とっても嬉しかったです。

「朝読書」という言葉に出会ったのは、入学式終了後のはじめての学活の時でした。担任の先生が「落中には毎朝一〇分間の朝読書の時間があります。全員、何かの本を用意してください」と言ったのを聞いて、心がおどったのを憶えています。今まで周りの騒音の中で読書をしていたのに、静かな場所と時間を必然的に与えられたのです。その日から、毎日、私の机の中には何らかの本が入っていました。

朝読書の時間は、夢のような時間でした。以前「本の世界は広い」という言葉を見つけました。私は、朝読書を始めて、改めてその言葉を実感しました。

高校に入ると、あんなに大好きだった読書の時間も勉強と休息の時間に侵食されていくように減ってきました。本を読むといってもサッと流せるマンガがほとんどになってきています。仕方ないと思う一方で、淋しいです。一日でも、一時間でもいいから、思いっきり本を読みたい、これが最近の私の希望です。

中学校での朝読書は、私に集中力と想像力を与えてくれたのだと思っています。本の世界に浸るためには相当の集中力と想像力が必要だと思います。そのことは、勉強とも深いつながりがあるように思うのです。私たちは、知らず知らずのうちにそういったものを与えられていたのかと、今になって思っています。

本の世界は私たちを決して拒んだりせず、必ず優しく包んでくれます。あの朝の一〇分間は、読書が大好きな私にとっては幸せな、大嫌いな人にとっては苦痛な時間でした。しかし、静かに座っているだけでも意味のある時間だったのではと思います。

朝読書があって本当に幸せだったと思います。これからも少しずつでも読書をしていきたいと思っています。

（正木　亜衣）

毎朝登校してすぐ図書室へ、授業が始まっても本に読みふけっていた

中学校の朝読書といえば、ほとんど図書室を利用していました。毎日毎朝、登校してすぐに図書室に行き、朝読書用の本を借りていました。朝の一〇分間は毎日の楽しみで、いつもは騒がしい教室もこの時間だけは静かで、みな有意義に多種なものを読んでいたと思います。たまに入り込んでしまうこともあり、その時間が終わってからも本に読みふけっていて、先生の話を聞かなかったこともしばしばでしたけど（笑）。

中学生になるまでは、本といっても漫画ぐらいしか読んでなくて、むしろ活字は苦手な方だったんですけど、朝読書は漫画禁止だったので小説ばかり読んでいき、次第に好きになっていって、今じゃ自室の本棚も小説が大半を占めています。もちろん小説だけでなく、エッセイ、日本史、童話、自伝などジャンルはさまざまですが、いろいろなものを読んで、いろいろなことを学んでいくことの素晴らしさを、私は三年間の朝読書で学べたと思います。

（押目　直実）

読書は心の栄養剤、全国の中学でもこんな時間をもってほしい

今から思うと、中学校の朝読書の時間はとてもすばらしい時間でした。高校生になってからは、学校では全然読む暇もなく、休みの日も課題が多くて読む暇もありません。あの中学校で行なっていた朝読書で、私はいろいろなジャンルの本を読みました。小学校でもこのような時間があったせいか、中学校になっても本を読むことの大切さがものすごくわかりました。私にとって読書ということは、心の栄養剤となりました。

特に、『だから、あなたも生きぬいて』という本は、本当に私の心を支えてくれました。本当にこの中学校で行なっていた朝読書は貴重な時間だったと、高校に入ってつくづく思っています。だから、これからもこの時間を大切にしてもらいたいし、全国の中学でもこんな時間をもってほしいです。本当にこの時間は私にとってかけがえのない時間でした。

（立石　光）

本が嫌いな僕を本好きに変えてくれた朝読書はこれからも続けてほしい

僕は、朝読書を三年間やってきて、すばらしいことだと思いました。なぜかというと、僕は中学に入ってきた時は本が嫌いでした。しかし、三年間やってみると、本が好きになり、三年の二学期には図書委員もやりました。ぼくはこの時、本を読むことはすばらしいことなんだなあと、思いました。

僕の通っている高校は朝が忙しいし、朝読書もありません。今から思うと、朝読書の一〇分間は貴重な時間だと思います。高校になると勉強が忙しいので、本を読む時間がほとんどありません。だから、中学の時に本をたくさん読むべきです。

僕はこれからも朝読書を続けてほしいと思います。なぜなら、僕と同じで、本を好きになる人がいるかもしれないからです。だから、こらからも朝読書を続けていってください。

（妹尾　真太郎）

高校に入学し、最初に思ったのが「朝読書の時間が欲しい」ということ

私は、高校に入学して一番最初に思ったのが、「朝読書の時間が欲しいな」ということでした。今、通っている高校には朝読書がないのです。中学校の頃は、毎日一〇分間あったので、三年間いろいろなジャンルの本がたくさん読めました。友達と本を紹介しあったり、朝のホームルームが始まっても夢中で読んでいたこともありました。

今、私の生活の中で本とのふれ合いが徐々に減っています。三年間、朝読書からもらったものは大きく、大切な思い出なのに残念です。でも、私は本の楽しさ、面白さを忘れたわけではありません。高校での友達との会話の話題は、ほとんど漫画や本のこと。「あの本は○○がおもしろい」「でもここは○○だよな」などなど、さまざまな意見を聞くことができ、本に囲まれるのではなく、本の好きな友達に囲まれ、楽しく過ごせています。

私は、ずいぶん本からいろいろな感動をもらいました。主人公に共感して泣いたり、笑ったり、怒ったり。本を読んだことで狭かった私の視野が幅広くなったような気がします。

この夏休み、たくさんの本に出会えるようにがんばります。また心に残る本を一つ増やしたいです。

（松岡　奈緒美）

静かだった朝読書の時間、おかげでたくさんの小説本を買った

中学生のころ、朝の一〇分間で本を読んでいることを今も覚えています。いつもは騒がしいみんなも、その時間だけは静かに読んでいました。朝読書のおかげで、私は小説本を買うようになりました。卒業するころには、かなりの冊数になっていました。

高校に入ってからは、朝読書の時間がなくなってしまい、本を読む機会もほとんどありません。家で読もうと思うんだけど、予習とかをしているとなかなか時間がとれません。だから、やっぱり朝読書の時間は、私にとって必要でした。

本を読むことは、文字を読む力をつけるのにすごくいい方法です。それに、本は一度読み始めると、次が気になってハマってしまいます。だからまず、自分が読みたい本を見つけて、読み始めることが大切だと思います。

（森脇　万里子）

高校は朝のホームルーム後すぐ授業、朝読書後ならゆとりが持てるのに

今、高校では朝読書はありません。中学校では朝読書を三年間やっていたので、高校に入ったばかりの頃は「朝読書がない」というのは変な感じでした。でも今はすっかり慣れてしまって「朝読書がない」というのはあたりまえのようになってしまっています。だから朝読書は、ずっと続けた方がいいと思います。

本を毎日少しずつでも読んでいると、知らないうちに漢字が覚えられたり、いろんな考え方ができるようになったりするからです。

高校は、朝のホームルームが終わると、すぐ授業になります。すごく忙しいです。でも本を読んでから授業を受ければ、少し心にユトリを持って勉強ができるような気がします。

今、思えば、落中を卒業してから高校の図書室で本を借りたのは、一回きりになっています。だからこれを機会に、また本を読んでみようと思います。

☆落中はこれからも朝読書を続けてください。

（若田 真美）

最初「めんどい」と思ってたのを後悔、これからもいろんな本を読んでいきたい

私は、高校に入学して全然図書室に行かなくなりました。それに学校では朝の読書の時間もありません。でも、自分で本を買って読むようになりました。それは、やっぱり中学生の頃、朝の読書で一〇分間少しずつ本を読むようになったからだし、今、思うと、あの一〇分間は本当に大切な時間だったと思います。中には、友達としゃべったり宿題をしていたりする人がいたのが残念です。

私は、本というものに憧れ、驚き、おもしろさ、感動などいろいろなことを感じさせられるという魅力を知り、読書が好きになりました。確かに、はじめの頃は、朝の読書なんかめんどいと思ってたし、本を読むのがあまり好きじゃなかったから読んでなくてちょっと後悔しています。だって、ちゃんと読んでたらもっとたくさんの本と出会えてたかもしれないからです。だから私は、これからもいろいろな本を読んでいきたいと思います。

（長尾　宏美）

仕方なく借りた本だったけど、目がうるうる、鼻をすすっていました

「朝読書」という言葉がとてもなつかしいです。高校では朝読書の習慣がなく、本があまり好きではない私は、高校生になって読んだ本は一冊もありません。朝に読むための本を借りる必要がなくなり、図書室にも行かなくなりました。

中学時代、休み時間に友人と料理の本、小説を探しによく図書室に行きました。仕方なく朝読む本を借りていましたでも、その仕方なく借りた本でも、感動した本がありました。それを読むと目がうるうるして一人、朝読書の時間、鼻をすすっていました。まんが以外の本でおもしろいと思える本があるんだと思いました。

朝読書は少し強制的だったけど、強制的にでも読んだので、私はこの感動と出会うことができたのだと思います。これからも朝読書を続けてください。

（築沢 美沙）

あまりおもしろくない時間だったけど、今思うと本当にためになった

今、思うと、朝読書は本当にためになったと思う。朝読書が始まったとき、雑誌やマンガはよく読むが、読書はあまりしなかった僕にとって、おもしろくない時間だったけど、なんだかんだ言いながら卒業するまで朝読書を続けることができた。

高校生になってからは、朝読書というものはないし、中学生の時よりも自由な時間が少ないから読書をする機会が少なくなりました。

朝読書をするようになって、テストの点が上がったということは、あまりなかったような気がするけど、小説とか本には、マンガと違い、絵がないので想像力が養われると思う。

（森田　丈恭）

「朝読書」がなかったら、文ばかりの本は読んでなかったと思う

中学一年生の最初の頃は、マンガは好きだったけど、文ばかりの本は嫌いで読みたくなかったです。しかし、朝のほんの一〇分間の読書時間で文ばかりの本も読む気になれたし、少し好きにもなりました。もし、落合中学校に「朝読書」がなかったら、私は、文ばかりの本は全くといっていいほど読んでなかっただろうと思います。

今、高校に入ってからぜんぜん読書をしていません。というよりできません。勉強に部活にとても忙しいからです。でも、この夏休みや休日を利用して読書をしたいと思います。

（薬師寺　美佳）

高校はものすごく忙しく、帰りの電車くらいしか時間がありません

今から思うと、中学校での朝読書の時間はとても有意義な楽しい、自分の時間がもてて、とても楽しかったです。

高校では、部活や勉強が考えられないくらい増え、帰りの電車ぐらいしか時間がありません。中学校時代の朝読書のおかげで、本が嫌いだったぼくが、本を読むことによって、いろいろな知識や楽しみがふえました。


（庄司　幸弘）

高校になり本を読まなくなったけど、「読まなくては！」と思っている

私はあまり読書をする方じゃないので、中学の時、毎日の朝読書で「本を読む」という習慣がついた。そしていろんな本を読んで、いろんなことを学んだ。

でも、高校生になって、朝読書というものがなくなって、全く本を読まなくなった。読むといっても宿題で読書感想文を書く時だけで、中学の時みたいに、図書室に行って本を借りることもしない。だけど、本を読まないといけないとは思っている。本を読むといろんなことを知れるし、それに、分厚い本を読みきった時、とてもうれしくって、何冊も何

冊も読むとたくさんのことが身につくと思う。だから、私は、高校に入って読書をしてなかったけど、これからは少しでも読書の時間をつくろうと思っている。そして教科書以外でも、たくさんのことを学ぼうと思う。

それに、これからも落合中学校で朝読書をしていってほしいと思う。

（大塚　裕子）

もうあんなにたくさん本を読むことはないかも。いい三年間だった…

今思うと、朝読書はすごく楽しみな時間だった。いい本があって、そのつづきを読むのが楽しみだった。一年の時はめんどうだったけど…。

高校では、いつも勉強に追われて…っていうのは冗談で、友達と楽しくすごしてます。高校は中学とちがって朝読書の時間がないので、ぜんぜん読む機会がありません。影響した面は、んー…あんまないかな。よくわかんない。でも三年間でたくさん本が読めたし、もう三年間で、あんなに本を読むことはたぶん、ないと思う。いい三年間だった。

それでは…。

（岡本　順子）

落合中で本を読めてよかった！朝読書がもっと広まってほしい

私は、落合中学校に入るまで、本といえばマンガか簡単な本しか読んでいませんでした。でも、落合中の「朝読書」で本を読みはじめてから少しずつ本を読む楽しさを知りました。本は、自分の想像力を豊かにします。次から次へとページをめくり、すごい速さで読んでしまいます。本の中に入り込んでしまうみたいです。本を読んで感動したことだってあったし、うなずかされたことだってありました。勉強をしているわけではなかったけれど、本を読んで勉強になったことは、たくさんありました。私は、落中の朝読書で本を読めて、よかったと思っています。

朝読書がもっと広まったらいいと思っています。本を読むことで、もっと視野を広げてほしいです。少しは何かが変わり、プラスになるのではないでしょうか。

大塚先生、ありがとうございました。遅くなってしまってすみませんでした。これからも朝読書を続けていってください。

（井原　直子）

どんなに忙しくても、週に一冊は本を読もうと思う

中学に入った頃は朝読書が面倒で、本を忘れることも多かったけど、三年もたてば、朝読書があたりまえになっていました。

私は、朝読書を通して、何か大切なことを学んだ気がします。高校では朝読書はなく、勉強や部活などで本を読むこともできなくなりました。こうして中学時代の朝読書を思い出すと、朝読書の時間がどれだけ貴重かわかります。でも、これをさかいにどんな忙しくても、一週間に一冊ぐらいは本を読もうと思います。できれば高校や他の学校でも朝読書をとり入れるべきだと思います。

（福島　愛）

中学時代から「本の虫」、読書を続けて得た力は部活動で生きている

現在、私の通う高校では、朝の読書は行なっていません。しかし、中学時代以前より「本の虫」であった私は、課題や予習に追われながらも、週に三回ほどは図書室に通い続けています。中学校ほど多くの本はありませんが、高校ならではの少しレベルの高い本が多くあり、とても読みごたえがあります。

私としては、もう少し読書の時間をとりたいと思うのですが、勉強も怠れないため、なかなかそのような時間をとれないのが残念です。そういった面から考えると、中学時代の朝の読書はとても充実したものだったと思います。毎朝の一〇分ほどの時間で私が得たものは創造力、そして読む力でした。

今、私は演劇部に所属しています。演劇の台詞は「台本」を読んでばかりではいけません。その台詞をいかにキャラクターの心情で演じるか、またどれほど「自分の言葉」にできるかが重要です。完璧でなくても、意識するだけでその台詞のイメージは変わります。

役の台詞の心情を読みとり、表現する。書くのは簡単ですが、言うのとやるのは違うのです。けれどヘタなりにも、朝の読書で鍛えられた創造力と読解力で仲間や先輩の足を引っ張らないようにと、努力しています。

読書を続けて得た力は、国語のテストでもその効力を発揮しますが、私の場合は部活動の方で大いに活躍しています。

（中島　麻都佳）

都道府県	実施校数	小学校	中学校	高校
三　重	136	103	25	8
滋　賀	61	49	8	4
京都府	50	35	12	3
大阪府	103	78	20	5
兵　庫	223	128	75	20
奈　良	40	27	9	4
和歌山	98	62	33	3
鳥　取	205	145	49	11
島　根	265	192	59	14
岡　山	144	91	44	9
広　島	165	111	42	12
山　口	88	51	35	2
徳　島	113	89	21	3
香　川	59	37	13	9
愛　媛	125	83	36	6
高　知	138	81	47	10
福　岡	135	74	39	22
佐　賀	108	67	34	7
長　崎	61	33	21	7
熊　本	160	91	52	17
大　分	71	45	24	2
宮　崎	160	81	56	23
鹿児島	100	54	41	5
沖　縄	147	85	61	1
合　計	7084	4770	1895	419

［資料2］

「朝の読書」実施校は全国で7084校！

「朝の読書」全国都道府県別実施校数

■実施規模／全校＝5597　学年＝813　学級＝609　授業＝65
（朝の読書推進協議会調べ・2001年9月28日現在）

都道府県	実施校数	小学校	中学校	高校
北海道	131	105	21	5
青　森	121	90	24	7
岩　手	116	63	36	17
宮　城	105	56	40	9
秋　田	192	134	53	5
山　形	163	106	46	11
福　島	336	218	98	20
茨　城	208	158	38	12
栃　木	219	158	54	7
群　馬	117	85	28	4
埼　玉	261	165	91	5
千　葉	306	199	103	4
東京都	110	71	27	12
神奈川	163	108	50	5
山　梨	136	107	25	4
長　野	179	123	48	8
新　潟	211	159	46	6
富　山	159	123	35	1
石　川	212	155	47	10
福　井	132	110	19	3
岐　阜	160	128	12	20
静　岡	281	176	80	25
愛　知	111	81	18	12

Q8，これまで読んだ本の中でいちばん「心に残った本」は何ですか？

1年生

1位　五体不満足（乙武洋匡）
2位　ハリーポッターシリーズ（J.K.ローリング）
3位　ハッピーバースデー（青木和雄）
4位　いじめ14歳のMessage（林慧樹）
4位　だから、あなたも生きぬいて（大平光代）
5位　ハードル（青木和雄）
5位　14歳　いらない子（ヨツギ）
5位　17歳（井上路望）
5位　空想科学読本（柳田理科雄）
5位　失われた世界（森詠、原作アーサー・コナン・ドイル）

2年生

1位　だから、あなたも生きぬいて（大平光代）
2位　ハリーポッターシリーズ（J.K.ローリング）
3位　五体不満足（乙武洋匡）
3位　窓ぎわのトットちゃん（黒柳徹子）
5位　ハッピーバースデー（青木和雄）
6位　カラフル（森絵都）
7位　いじめ14歳のMessage（林慧樹）
8位　鬼の橋（伊藤遊）
8位　宮本武蔵
8位　バトルロワイヤル

3年生

1位　だから、あなたも生きぬいて（大平光代）
2位　五体不満足（乙武洋匡）
2位　ハリーポッターシリーズ（J.K.ローリング）
3位　Itと呼ばれた子（ディヴ・ペルザー）
5位　いじめ14歳のMessage（林慧樹）
6位　バッテリー（あさのあつこ）
6位　空想科学読本（柳田理科雄）
6位　ブギーポップシリーズ（上遠野浩平）
6位　ぼくらの七日間戦争（宗田理）
6位　ゴクドーくん漫遊記（中村うさぎ）

Q6,「朝の読書」で自分が変わったなと思うのはどんなことですか？
（マルはいくつでも可）

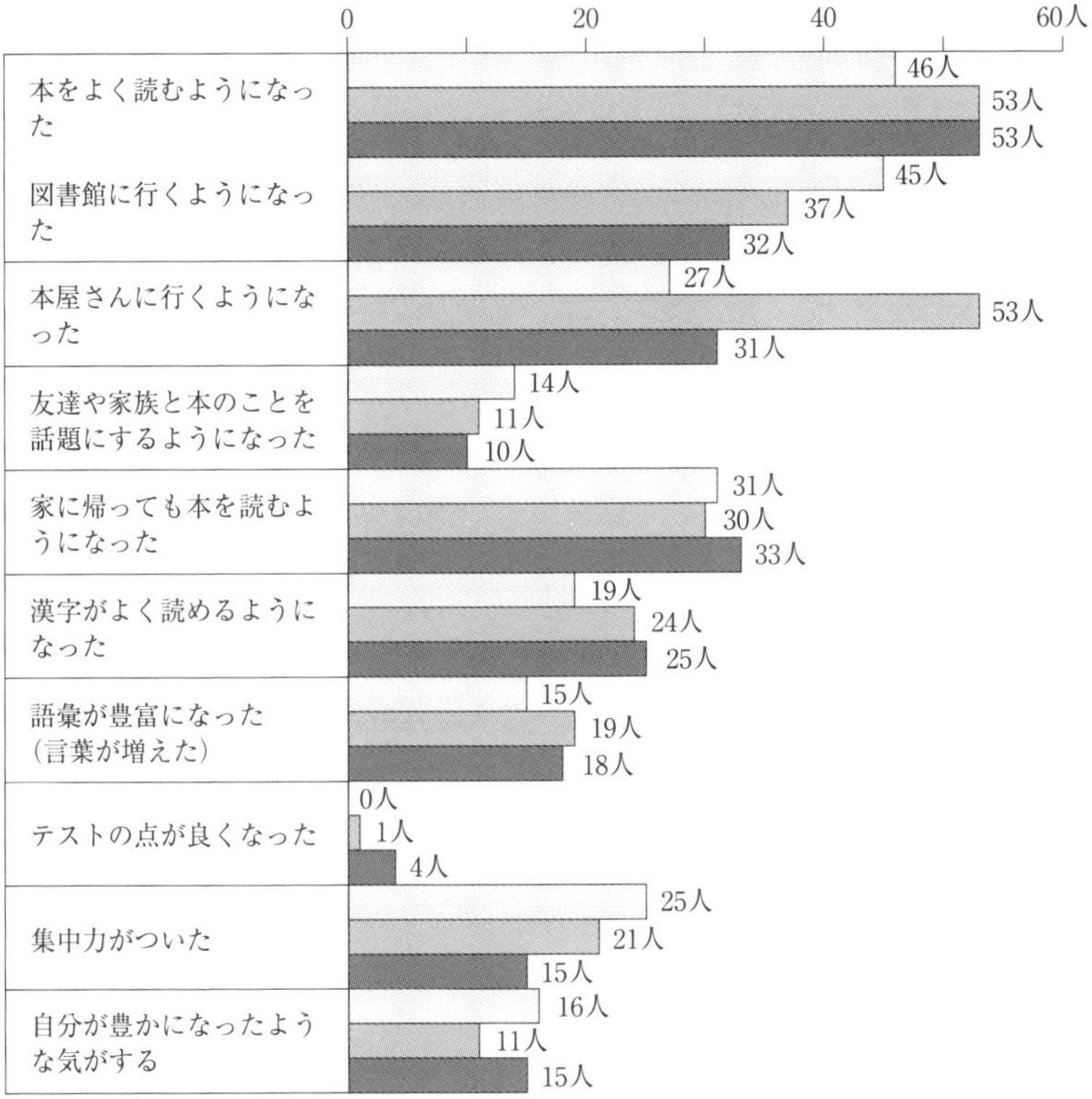

Q7，いま現在「朝の読書」をどう思っていますか？

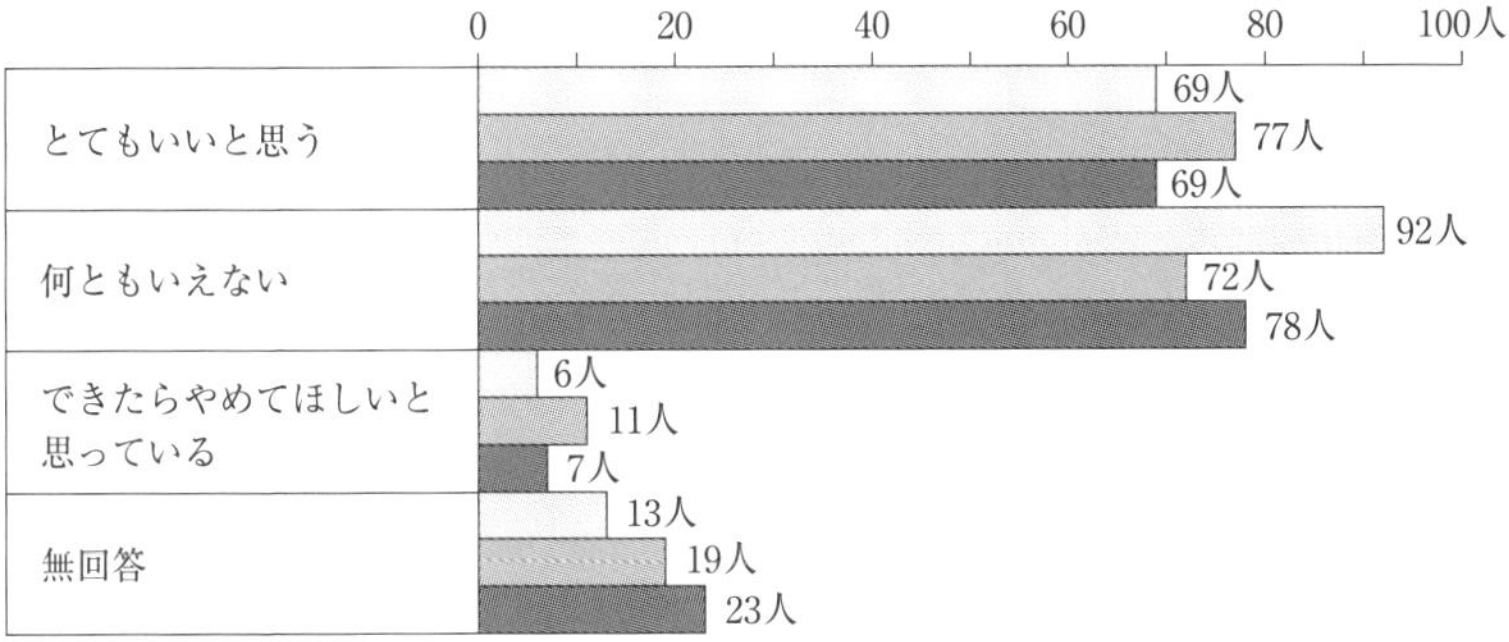

Q3, 中学に入り、「朝の読書」があると聞いてどう思いましたか？

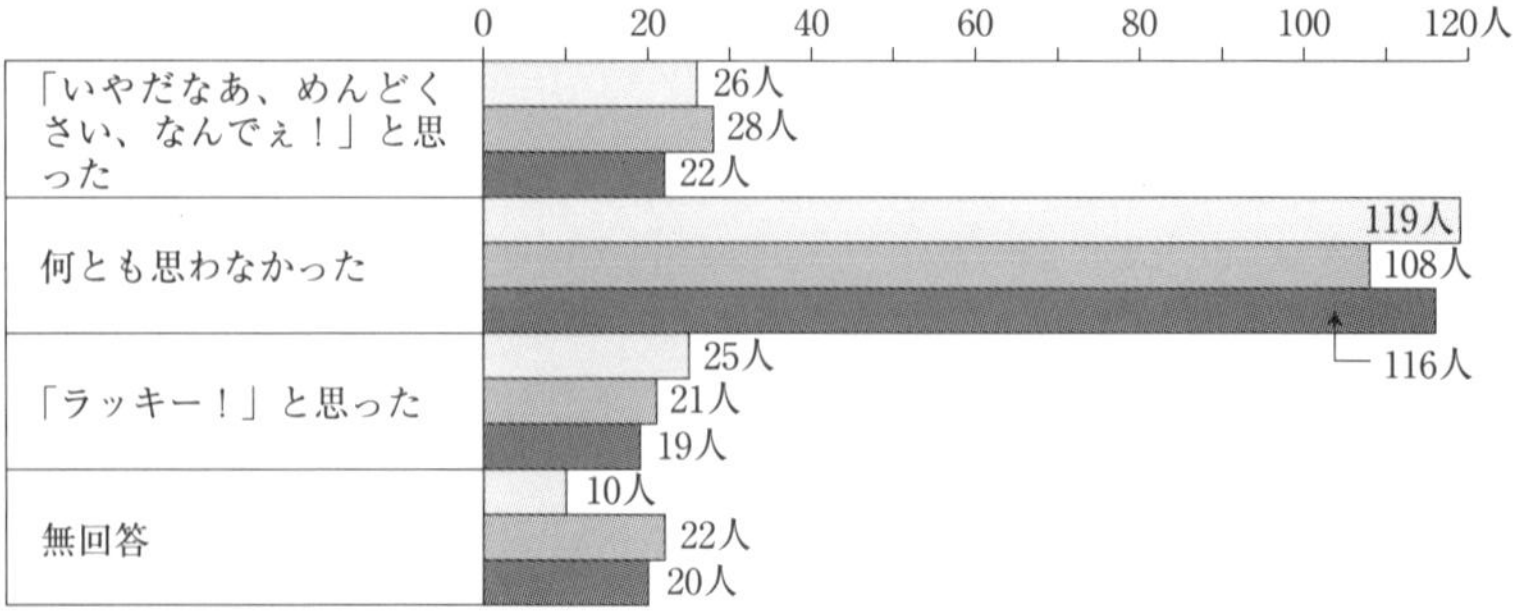

Q4, 「朝の読書」ではどんな本を読んでもいいことになっていますが、あなたはそのことで悩んだり、困ったりしませんでしたか？

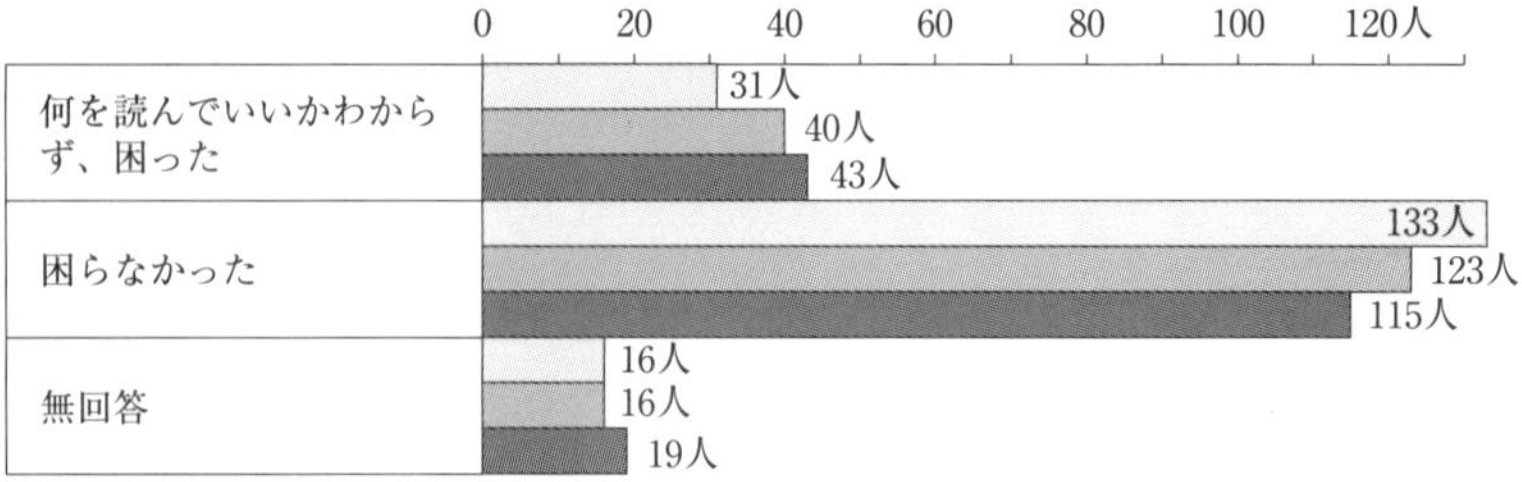

Q5, 「朝の読書」で読む本は、主にどこで手に入れていますか？
（マルはいくつでも可）

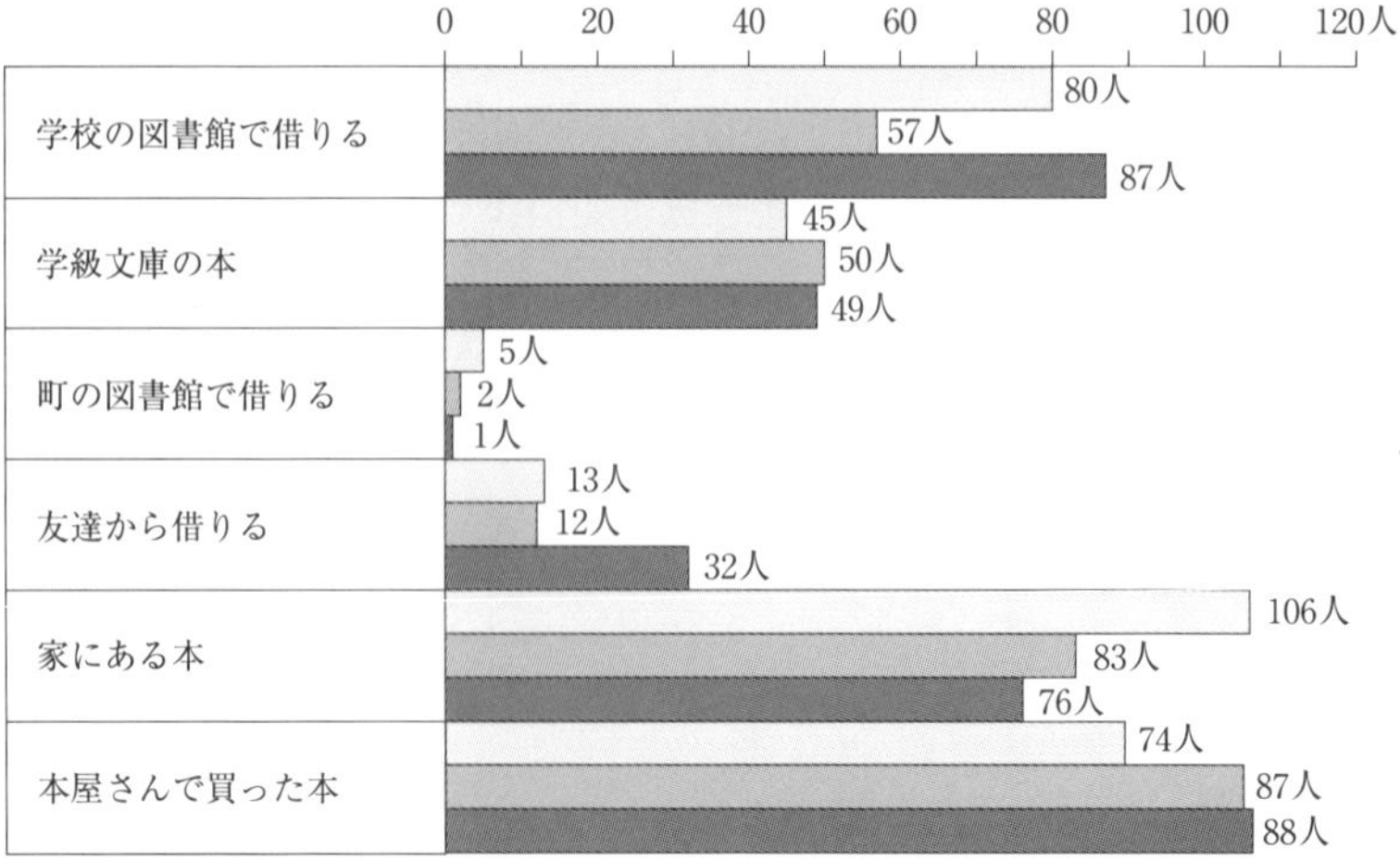

〔資料1〕アンケート調査「朝の読書と私」

■対象／岡山・落合中学校1～3年（1年＝180人、2年＝179人、3年＝177人）
■調査／2001年7月16日

Q1, あなたは「朝の読書」が始まる前、本を読む方でしたか、それとも？（ここでいう「本」はマンガ、雑誌をのぞいたものです）

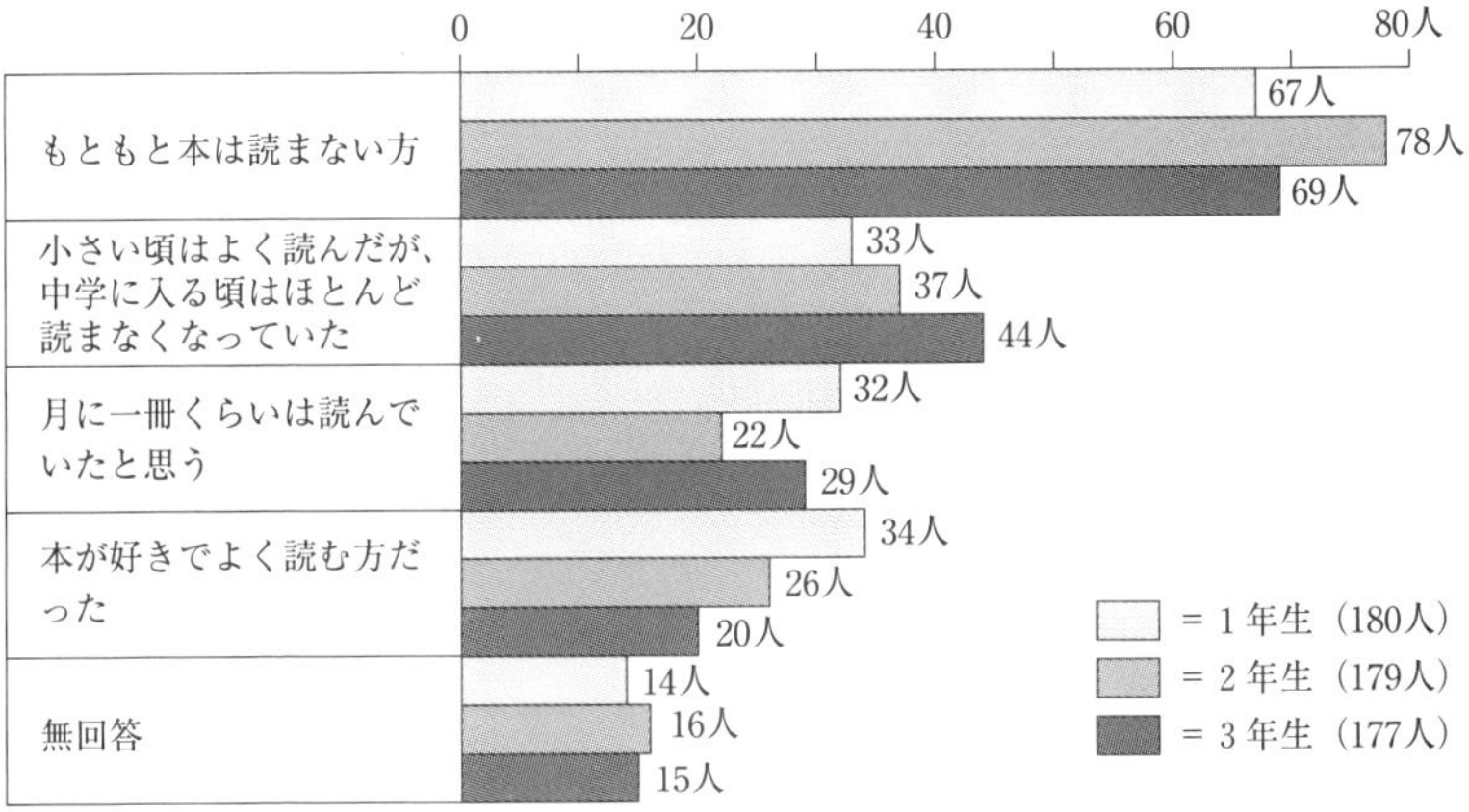

Q2,「あまり読まなかった」という方、読まない理由はなんですか？（マルはいくつでも可）

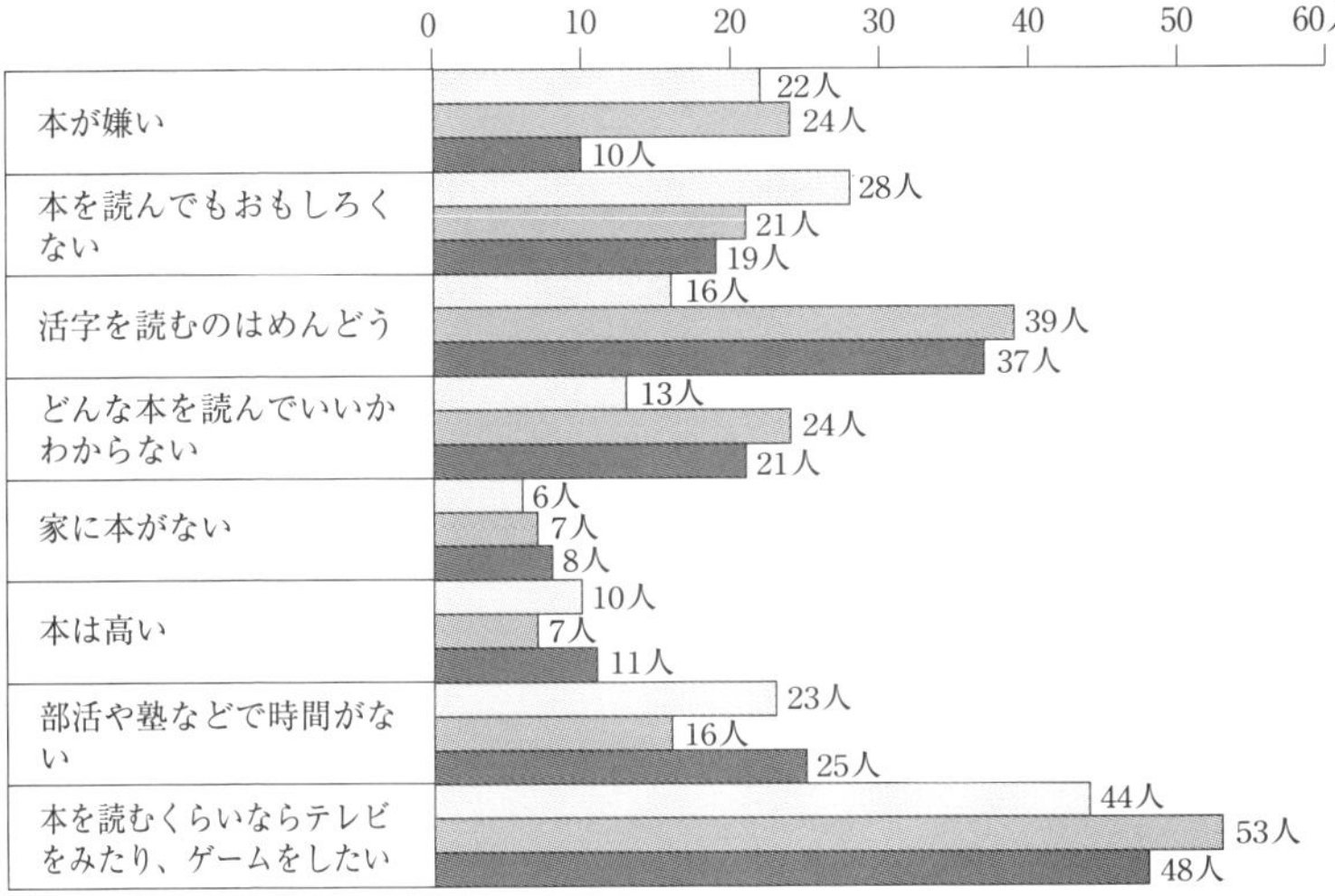

岡山・落合町立落合中学校

1970年創立。全校生徒数536名。各学年５クラスと養護学級１クラスの合計16学級からなる。「朝の読書」は1995年４月より実施。

所在地／〒719-3155　岡山県真庭郡落合町大字下方625

HP http://www4.ocn.ne.jp/~otiai/

「朝の読書」が学校を変える

●二〇〇一年一〇月二五日――第一刷発行

編　者／岡山・落合町立落合中学校「朝の読書」推進班

発行所／株式会社高文研
東京都千代田区猿楽町二－一－八
三恵ビル（〒一〇一＝〇〇六四）
電話　03＝3295＝3415
振替　00160＝6＝18956
http://www.koubunken.co.jp

組版／高文研電算室
ＤＴＰソフト／パーソナル編集長 for Win
印刷・製本／精文堂印刷株式会社

ISBN4-87498-265-4　C0037